German History and Society 1918–1945

O

By the same author
German History and Society 1870–1920: A Reader (1985)

German History and Society, 1918–1945.

A Reader

Edited and with Notes by
J.C.B. Gordon

BERG

Oxford/New York/Hamburg

Distributed exclusively in the US and Canada by
St. Martin's Press, New York

First published in 1988 by
Berg Publishers Limited
77 Morrell Avenue, Oxford OX4 1NQ, UK
175 Fifth Avenue/Room 400, New York, NY 10010, USA
Nordalbingerweg 14, 2000 Hamburg 61, FRG

British Library Cataloguing in Publication Data

German history and society 1918–1945: a
   reader.
   1. Germany—History—1918–1933
   2. Germany—History—1933–1945
   I. Gordon, J.C.B.
   943.08   DD237
   ISBN 0–85496–147–X

Library of Congress Cataloging-in-Publication Data

German history and society, 1918–1945.

   Text in German.
   Bibliography: p.
   Includes index.
   1. German language—Readers—Germany—History.
   2. German language—Readers—Germany—Social conditions.
   3. German language—Textbooks for foreign speakers—
English. 4. Germany—History—20th century.
   I. Gordon, J.C.B.
   PF3127.G5B47   1988   438.6'421   87–32321
   ISBN 0–85496–147–X

Printed in Great Britain by Billings of Worcester

Contents

To Stephen Gordon

Introduction

This short collection of texts is a sequel to *German History and Society 1870–1920: A Reader* (Berg Publishers, Leamington Spa, 1985). Like its predecessor, it is intended for students of German who wish to broaden their knowledge of German history and society in the period 1918–45 and for students of German history.

No attempt has been made to cover all the major areas and events as this would have been neither feasible nor desirable in a collection of this length. Rather, the editor has attempted to focus attention on those aspects of German history and society that are often neglected or poorly understood. Hence, for example, the emphasis on internal violence in Germany in the period from the end of the First World War to 1923. Some familiar topics, such as Nazi oppression, violence and genocide are included and are illustrated to a large extent by unconventional texts which, it is hoped, will prove to be of interest. Essentially the collection is a miscellany containing a wide range of very different types of material, extending from texts by some well-known authors, such as Fallada and Heinrich Mann, to hitherto unpublished letters and diary extracts. This is supplemented by the extensive use of photographic material.

The texts are arranged in two broad sections (the German Revolution and Weimar, and the Nazi period). Each section begins with two or three 'keynote' texts and thereafter the texts are arranged in approximate chronological order. At the same time an attempt has been made to keep thematically related texts together within each section. (Thus the texts are not arranged on the same principle as in the first volume: the sheer diversity of the material made this impossible.)

What emerges from this collection is in many respects a sombre and at times highly unedifying picture. Young readers of this book may well find that the Germany that emerges from this collection bears no resemblance to the modern, post-war Germany that they know from visits to the country. The period with which this collection is concerned was in many ways extremely unusual. With the possible exception of the years between 1924 and 1929, German history in this period was characterized by civil war and the years 1939–45 by international war; and at a fundamental level, the latter was an extension of the former. Moreover, this war (or these wars) were conducted with rapidly escalating brutality, culminating in mass murder and genocide. This short volume cannot, in itself, explain how this came about, nor is there space to discuss the difficult question of continuities and discontinuities in German history here. Those who wish to pursue this may find it useful to read the books listed at the end of this introduction.

It is the editor's hope that readers will find this collection interesting as well as informative and useful.

The editor would like to thank Gundi Daymond and Naomi Kosten, who bore the brunt of the typing, and also Joanne Knapp. Their combined efforts produced a first-rate typescript. At the University of East Anglia, thanks are due to Malcolm Howard, of the Photographic Unit, for his kind assistance with the vast majority of the illustrations, to the staff of the University Library and to the editor's colleagues in the School of Modern Languages and European History. Among librarians elsewhere, thanks are due in particular to the staff of the Landesbibliothek, Coburg, the Stadtbücherei, Dortmund, and the Bibliothek des Instituts für Weltwirtschaft an der Universität Kiel. Among archivists, particular thanks are due to the staff of the Landesarchiv Berlin (especially to Volker Viergutz), the Stadtarchiv Bochum, the Bundesarchiv-Militärarchiv, Freiburg im Breisgau, the Stadtarchiv Solingen — and to Dr Walter Lorenz, the now retired head of the Stadtarchiv Remscheid, for his exceptionally kind and painstaking help. The editor also wishes to thank the staff of the Institute of Contemporary History and Wiener Library, London, and of the Department of Photographs at the Imperial War Museum, London.

The editor would also like to place on record his gratitude to Dr Helmut Schnatz and Nanna Hürter, both of Koblenz, for their kind assistance with the text on the destruction of Dresden. Finally, a very special word of thanks to Liselotte Klaus and MAGO for each so kindly writing a short passage about their own experiences!

J.C.B. GORDON
University of East Anglia
Norwich
March 1988

Further Reading

W.S. Allen, *The Nazi Seizure of Power: The Experience of a Single German Town 1922–1945*, rev. edn, Franklin Watts, New York, 1984 (1st edn published in 1965).

V.R. Berghahn, *Modern Germany: Society, Economy and Politics in the Twentieth Century*, Cambridge University Press, Cambridge, 1987 (2nd edn).

I. Kershaw, *The Nazi Dictatorship: Problems and Perspectives of Interpretation*, Edward Arnold, London, 1985.

J.H. Morgan, *Assize of Arms*, Methuen, London 1945. (Out of print but widely available in public libraries.)

Note

The texts are graded for difficulty as follows:
* * = easy
* ** = moderately difficult
* *** = hard

I. Revolution und Weimarer Republik

1. Die nationalistische Erblast der Republik**

Before and, above all, during the First World War key elements and pressure-groups in Imperial Germany did their utmost to whip up the population into a frenzy of nationalism. In this they achieved a measure of success, notably among the middle class, which was encouraged to wallow in fantasies about massive territorial expansion, especially in Eastern Europe. Those who believed this kind of propaganda were dangerously out of touch with reality despite Germany's brief, illusory victory over Russia in 1917–18. In many cases such people found themselves unable to accept the fact of defeat at all and were only too willing to believe that Germany had not been defeated militarily (!) but had been 'stabbed in the back' by subversives on the 'home front'.

This text describes the kind of nationalism generated in Germany during the First World War. The attitudes and beliefs described here did not of course disappear with defeat: feverish nationalism remained a potent force and constituted a very heavy burden on the Republic. It was a prerequisite for the rise of the Nazis and, in a particularly extreme form, itself central to Nazi ideology and practice.

Die Gerechtigkeit erfordert, festzustellen, daß in keinem Land der Chauvinismus so wahnwitzige Formen angenommen hatte wie in den alldeutschen Kreisen Deutschlands. Anfänglich in der Zahl

seiner Mitglieder sehr beschränkt, ergriff diese Bewegung allmählich
weitere Kreise und nahm vor allem an Einfluß auf leitende Stellen
und auf die Presse zu. Die *Tägliche Rundschau*, die *Deutsche Zeitung*,
die *Deutsche Tageszeitung*, die *Leipziger Neuesten Nachrichten*, die *Rheinisch-
Westfälische Zeitung* und eine Reihe anderer großer und mittlerer
Blätter propagierten und verteidigten alldeutsche Ideen, und auf eine
ansehnliche Menge von Menschen wirkte es ein, daß Männer mit
"großen" Namen sich zum Alldeutschtum bekannten. Die "Aufklärung", die die Marinebehörden dem deutschen Volke gaben und die
stets eine willige Presse in allen bürgerlichen Kreisen fanden, war
durchaus vom alldeutschen Geist infiziert. Es waren zwar nicht, wie
ein Herr v. Vietinghoff-Scheel zu Neujahr 1916 sagte, "die besten
nationalen Kräfte, die im alldeutschen Verbande sich mehr und
mehr verkörperten", aber doch jedenfalls die augenfälligsten nationa-
listischen Kräfte. Gothein hatte nicht so unrecht, als er schrieb, daß
das Ausland mit gutem Grund in den chauvinistischen konservati-
ven Kreisen die für die Politik des Deutschen Reiches *maßgebenden*
erblickte.

[. . .]

Wilhelm II. war zwar nicht alldeutsch, er wird ja sogar von ihnen
als Halbjude, aus unehelichen Verbindungen seiner Vorfahren
stammend, verspottet, aber er war eben geistig viel zu wenig klar,
um die furchtbare Gefahr zu erkennen, die von dieser Seite drohte.
Die Klarheit und Energie fehlten auch der Regierung. Während mit
übergroßer Ängstlichkeit jede Äußerung sozialistischer Führer ge-
bucht wurde und staatsanwaltliche Gegenmaßnahmen auslöste, ließ
man den Alldeutschen Daniel Frymann ruhig in seinem Buche *Wenn
ich der Kaiser wär'* mit der Revolution drohen, wenn der Kaiser sich
weigere, die alldeutsche Politik mitzumachen. Alldeutsche Offiziere
sprachen während des Krieges, als Wilhelm II. Tirpitz gehen ließ,
per "der Schweinehund" von ihrem Monarchen und wünschten,
daß er einen Kopf kürzer gemacht würde. Die Alldeutschen treten
überall als die Patrioten auf. Sie wollten und erreichten es auch, daß
im Auslande alldeutsch gleich deutsch gesetzt wurde. Und es gelang
ihnen selbst, die Berliner Regierung, zum mindesten *während* des
Krieges, in die Furcht zu versetzen, nicht hinreichend patriotisch
zu sein. Diese Furcht erzeugt bei einem Deutschen stets ein Nach-
geben gegenüber dem Chauvinismus. Gegen den Vorwurf mangelnden Patriotismus ist der Durchschnittsdeutsche so empfindlich, daß er

gar nicht zu untersuchen wagt, ob ihm dieser Vorwurf mit Recht oder Unrecht gemacht wird.

[. . .]

Die Verherrlichung des Krieges, wie sie von den Alldeutschen als wichtiger Programmbestandteil aufgenommen wurde, beschränkte sich nun aber nicht nur auf die Alldeutschen. Sie fand im deutschen Volk eine weit breitere Basis. Dem ist es auch zuzuschreiben, daß alldeutsche Schöpfungen, wie der Flottenverein und der Wehrverein, begeisterten Zulauf fanden — schon von denen, die es nicht wagten oder in ihrem Berufe als Staatsbeamte nicht wagen konnten, auf sich den Vorwurf geringer Vaterlandsliebe sitzen zu lassen. *Diese Vereine, sowie der Kolonialverein, wurden lange Zeit in ihrem wahren Charakter als Mittel zu chauvinistischer Aufhetzung des Volkes gar nicht erkannt* . . .

Source: Franz Carl Endres, *Die Tragödie Deutschlands: Im Banne des Machtgedankens bis zum Zusammenbruch des Reiches. Von einem Deutschen*, vierte, erweiterte und verbesserte Aufl. (zehntes bis zwölftes Tausend), Verlag von Ernst Heinrich Moritz (Inh. Franz Mittelbach), Stuttgart, 1925, pp. 26–7 (abridged as indicated).

Notes

wahnwitzig = crazy, grotesque.

alldeutsch = Pan-German.

das Alldeutschtum = Pan-Germanism. (Before the rise of the Nazis this was one of the most extreme varieties of German Nationalism. It sought a massive expansion of German territory, both overseas and in continental Europe. As for domestic politics, it was rabidly anti-Left, anti-democratic and antisemitic.)

die "Aufklärung" = (in this context) 'explanations', 'elucidations', 'information'. (The word is used sarcastically here as the information given by the naval authorities was misleading and often downright dishonest.)

national = nationalistic (not *national* in the normal sense in English).

Gothein: Eberhard Gothein (1853–1923) was a liberal historian and economist.

und staatsanwaltliche Gegenmaßnahmen auslöste = and led to prosecutions.

Daniel Frymann: this was the pseudonym of Heinrich Claß (1868–1953), a political agitator and chairman of the *Alldeutsche Verband* from 1908 till 1939. He was a close associate of Hitler in the early 1920s. His book *Wenn ich der Kaiser wär'* was first published in 1912.

Tirpitz: this refers to Alfred von Tirpitz, who was the German Navy
  Minister from 1897 till his dismissal in March 1916. He was the chief
  architect of naval expansion from *c*.1900 till 1914.
per = as.
jemanden um einen Kopf kürzer machen = to behead someone.
der Flottenverein, der Wehrverein, der Kolonialverein: these were nationalistic
  organisations whose objects were the furtherance of the navy, the army
  and the colonies respectively.
die Aufhetzung = incitement, whipping up.

2. Kein Friede*

Conventional history books tend to give the impression
that once a peace treaty has been signed peace is restored. But as this text, written in November 1919,
points out, war remained the order of the day in much of
Central and Eastern Europe and in the Balkans long
after the peace treaties had been signed.

With *hindsight* one could add that the peace established
in this area by the end of 1923 was very fragile; and there
is a strong case for regarding the whole period from 1914
to *c*.1948 as one of exceptional violence — with occasional spells of calm — in most of Central and Eastern
Europe and in much of Southern Europe, too. In Western Europe it is easy to overlook this.

The author of this text, Heinrich Spiero (1876–1947),
was first and foremost a literary historian.

Der Weltkrieg scheint vielen mit dem Friedensvertrag von Versailles
zu Ende gegangen zu sein. Sie empfinden den fünf Jahre umfassen-
den Kreis vom 28. Juni 1914, dem Mordtag von Sarajevo, zum 28.
Juni 1919 als ein abgeschlossenes Erlebnis, dem nun wieder der
Friede folgt. Ein Blick in die Zeitung lehrt das Gegenteil. Im Osten
Europas vom Weißen bis zum Schwarzen Meer wird heute nicht
minder hitzig als vor einem Jahre gekämpft, auf rumänischem,
ungarischem, tschechischem, polnischem Boden werden Schlachten
geschlagen, und in den scheinbar befriedeten Ländern diesseits der
Düna, der Weichsel, der Karpathen schwelt überall der Bürgerkrieg;
seine Feuerzeile läuft bereits bis zu den schwarzen Bürgern der

Vereinigten Staaten.

Nein, der Weltkrieg ist nicht zu Ende und wird, wenn geschichtliche Gesetze noch geschichtliche Gesetze bleiben, auch in diesem
und dem nächsten Jahre nicht beendet sein; so wenig er nur ein
Krieg von Dynastien und von Regierungen war, so wenig wird er
allein durch Verträge der Dynastien und Regierungen abgeschlossen werden können. Er steht als ein Riesenstück Geschichte in
einer langen Entwicklung, und freilich neigt sich diese nun rascher
zum Ende, als der Aufstieg zu dem blutigen Gipfel dauerte. Aber
das Ende ist nicht heute und morgen, es liegt noch in der Zukunft.

Source: Heinrich Spiero, *Deutschlands Schicksal und Schuld*, Heinrich Finck,
     Leipzig, 1920, pp. 3–4. Reprinted by kind permission of Christiane
     Ilisch.

Notes

der 28. Juni 1919: the day on which the Treaty of Versailles was signed.
die Düna = the (West) Dvina.
die Weichsel = the Vistula.
die Karpathen = the Carpathian Mountains.
schwelen = to smoulder.
die Feuerzeile = fuse.

3. Aus einer Sitzung des Arbeiter- und Soldatenrats in Gerthe*

Early in November 1918 *Arbeiter- und Soldatenräte*, often
referred to simply as *A.- und S. Räte* (i.e. Workers' and
Soldiers' Councils) were formed throughout Germany.
In many respects they represented the German Revolution at various local levels. At the level of national
politics the revolution was essentially the product of an
uneasy and unstable alliance between some senior generals and the leadership of the SPD and the USPD. It
was an alliance hastily formed in the face of military
defeat and growing unrest on the 'home front' after

various other solutions had been explored and either failed or become irrelevant.[1]

Contrary to a widespread misconception, the *A.- und S. Räte* were not on the whole radical socialist bodies. However, the concept of intensely local, often quasi-direct democracy and accountability that they embodied did not accord with the parliamentary model of democracy favoured by the majority of the politicians. The *A.- und S. Räte* found their powers drastically curbed in 1919 and were abolished altogether early in 1920. In some cases this process led to a degree of radicalization.

As this text, taken from the minutes of the *Arbeiter- und Soldatenrat* in Gerthe (then a small mining town, now a suburb of Bochum) shows, the *A.- und S. Räte* were initially confronted by a welter of mundane administrative chores, yet they attempted to shift power away from the local élites and known reactionaries and to make officials individually responsible.

The general layout of the original has been preserved but has been tidied up. A trivial grammatical mistake has been corrected and a note in the margin omitted; an article has been added and appears in square brackets.

Gerthe (Montag), den 11. November 1918

In der heutigen Sitzung des A. und S. Rates wurde Folgendes verhandelt und beschlossen:

Wahl des Vorsitzenden

Wegen seines Gehörleidens bat Lehrer Michel, ihn von dem Amt als Vorsitzenden zu entbinden. Demgemäss wurde Genosse Wilhelm Mette einstimmig zum Vorsitzenden gewählt.

Lehrer Michel führte sodann in vortrefflichen Worten noch einmal die gewaltige Grösse der Ereignisse vor Augen und empfahl dringend, nichts zu überstürzen, sondern besonnen und darum um so sicherer das neue Gebäude aufzurichten. Vor allen Dingen müsse die Lebensmittelversorgung in Fluss bleiben und die Sicherheit gewährleistet sein, damit der A.- und S. Rat mit Ehre vor der Geschichte und den künftigen Einrichtungen bestehen könne. Er führte aus, dass es unmöglich sei, ohne Fortführung des Amts-

---

1. For a detailed description of these events, see V.R. Berghahn, *Modern Germany: Society, Economy and Politics in the Twentieth Century*, Cambridge University Press, Cambridge, 1987, pp. 57–67.

betriebs in der bisher geregelten Weise auszukommen, und dass man auf die Mitarbeit der Beamten rechne. In der Aussprache wurden aber folgende Änderungen für notwendig gehalten.

Der Amtsbeigeordnete Brandenbusch und der Gemeindevorsteher Schulte geben dem A.- und S. Rat keine Garantie, dass sie in seinem Sinne die Amts- und Gemeindegeschäfte versehen und evtl. umbauen. Amtmann von Köckritz hat sich durch sein Verhalten selbst gerichtet. Alle drei werden daher aus ihren Ämtern und Pflichten entlassen. Zur Verwaltung der Geschäfte des Amtes unter Aufsicht des A.- und S. Rates wird einstimmig durch Handerheben der Obersekretär Max Ibing zum vorläufigen Amtmann gewählt. Ibing war bei der Wahlverhandlung aus der Versammlung ausgetreten. Gleichfalls einstimmig wird der Bergmann Wilhelm Mette zum vorläufigen Gemeindevorsteher gewählt. Die Gewählten nahmen die Wahl an, und Amtmann Ibing erklärte, dass er mit seinen Beamten sich dem A.- und S. Rat zur Verfügung stelle, damit der Betrieb zum Nutzen der Gemeindeeinwohner gerade in dieser kritischen Zeit nicht in's Stocken gerate, er erwarte auch, dass der A.- und S. Rat ihm und den Beamten Vertrauen schenke.

Verhältnis der Beamten zum A.- und S. Rat

Die Beamten Ibing, Frädrich, Ebert sind natürlich keine Mitglieder des A.- und S. Rates, sondern werden nur nach Bedarf zu den Sitzungen zugezogen. Es bestand nun Meinungsverschiedenheit über das Stimmrecht dieser Beamten bei den Sitzungsfragen, zu denen die Beamten zugezogen werden sollen. Amtmann Ibing schlug vor, die Beamten nur als Berater zu betrachten ohne Stimmrecht, da nach seiner Ansicht das Beamtenelement nicht in den Rat hinein gehöre. Die Meinungen waren geteilt. Genosse Knäbel hielt es aber im Interesse des Rates für dringend notwendig, den Beamten die Verantwortung für ihre Ratschläge aufzuerlegen, und wünschte, dass den Beamten im Falle ihrer Zuziehung Stimmrecht zugebilligt würde. Dementsprechend wurde mit allen gegen eine Stimme beschlossen.

Aufruf!

Der von Lehrer Michel entworfene Aufruf wurde einstimmig gutgeheissen und soll sofort erfolgen.

Unfallversicherung

Die Mitglieder des A.- und S. Rates und der Wachtmannschaften sollen zu einer Unfallversicherung angemeldet werden.

Besoldungen

Die Entlöhnung wurde zur Sprache gebracht. Die Mitglieder des A.- und S. Rates glaubten teilweise, auf eine Entlöhnung verzichten zu sollen, da sie der guten Sache aus Idealismus gern ein Opfer brächten. Andere wünschten eine geringe Bezahlung, da sie Familie hätten; doch wollten sie bescheiden sein und sobald wie möglich wieder an ihre Arbeit gehen. Amtmann Ibing riet jedoch zu einer ausreichenden Entschädigung, da die Mitglieder des Rates vorläufig an die Aufnahme ihrer gewohnten Beschäftigung nicht denken können, es seien noch gewaltige Aufgaben zu erledigen, auch empfehle es sich besonders bei den Soldaten, keine zu geringe Löhnung, da sonst die guten Elemente gezwungen wären, den Dienst aufzugeben und Arbeit auf den Zechen anzunehmen, sodass auf die Dauer nur noch wenig brauchbare Wachtmannschaften zur Verfügung stehen würden. [Die] Versammlung schloss sich diesen Ausführungen an und beschloss auf Vorschlag des Vorsitzenden Mette, 15,--Mark pro Tag (Durchschnittshauerlohn) zu zahlen. Ibing wurde beauftragt, mit der Zeche Lothringen zu verhandeln, die Kosten der Entlöhnung der Wachtmannschaften zu übernehmen.

Schreibkraft

Der Amtmann wird beauftragt, dem Büro des A.- und S. Rates eine geeignete tüchtige Schreibkraft zur Verfügung zu stellen.

Bergarbeiterwünsche

Der Vorsitzende Mette teilt folgende Wünsche der Belegschaften der Zeche Lothringen mit.

1.) Ausbau der Familienkrankenkasse.
2.) Sicherheitsmänner und Ausschussmitglieder sollen der Organisation beitreten.
3.) Die Bedingungen sollen schriftlich vereinbart werden. Der Amtmann wird ersucht, die Gewerkschaft Lothringen und Gewerkschaft Constantin zu veranlassen, geeignete Vertreter zur Verhandlung wegen dieser Fragen in den A.- und S. Rat zu entsenden.

Ausweise

Für die Wachtmannschaften und solche Leute, welche ge-

zwungen sind, die Strassen während der Sperrzeit zu betreten, sind Ausweise herauszugeben.
[. . .]

Abzeichen der Soldaten und Wachtmannschaften
Kokarde und Achselstücke fallen fort.

Verpflichtung der Sicherheitsmannschaft
Die Sicherheitsmannschaften sollen sofort durch Lehrer Michel nach entsprechender Ansprache durch Handschlag auf den A.- und S. Rat verpflichtet werden.
[. . .]

Source: Stadtarchiv, Bochum, Signatur KrA 487 (000105–6) (abridged as indicated).

Notes

führte . . . vor Augen = described.
überstürzen + acc. = to do something rash.
besonnen = (in this context) thoughtfully.
das neue Gebäude: this refers to the 'new state' which the speaker hoped would ultimately result from the revolution.
die künftigen Einrichtungen = the future political institutions.
ausführen, dass . . . = to argue that . . .
der Amtsbetrieb = (in this context) local official administration. (Note that *das Amt* also means a *district* in a *Landkreis*.)
der Amtsbeigeordnete, der Gemeindevorsteher, der Amtmann: these were ranks in the Prussian civil service. The first two were relatively junior, but an *Amtmann* was a middle- to senior-ranking official who wielded considerable power at local level in districts which did not have municipal status.
evtl. = abbreviation for *eventuell*.
die Geschäfte des Amtes = routine administration of the district. (See note above on *der Amtsbetrieb*.)
der Obersekretär: this was another fairly junior rank in the Prussian civil service.
Dementsprechend wurde mit allen gegen eine Stimme abgeschlossen = with one dissenting vote this was resolved by all present.
der Aufruf = (in this context) proclamation.
Die Wachtmannschaften = watchmen. (They formed in effect a police-force subject to the direct authority of the *A.- und S. Rat*.)
sollen zu einer Unfallversicherung angemeldet werden = are to be insured against accident.

die gute Sache = the good cause.
auf etwas verzichten = to do without something.
die Entschädigung = (in this context) payment (not compensation).
die Zeche = pit, mine.
der Durchschnittshauerlohn = average wage of a face-worker.
sich + dat. *anschliessen* = to agree with, accept something.
die Belegschaft = workforce.
Sicherheitsmänner: this refers to the mine's own security organization.
Ausschussmitglieder: it is not altogether clear to whom this refers. It would appear that the mine had a committee of its own, presumably consisting of workers alone.
die Gewerkschaft Lothringen und Gewerkschaft Constantin = the trade union(s) at the Lothringen and Constantin collieries.
veranlassen = (in this context) to arrange for.
die Sperrzeit = curfew.
die Kokarde: in 1918 officers no longer wore cockades with feathers, etc.! The term refers to the small insignia worn on officers' caps. In the German Revolution soldiers often insisted on the removal of these and of the brass 'pips' and similar insignia that officers wore on their shoulders (*Achselstücke*).
die Achselstücke: see preceding note.
die Sicherheitsmannschaft: this appears to refer to the ordinary police.

4. Zur Niederlage des Spartakus-Aufstands in Berlin***

The first three or four weeks of the German Revolution were relatively bloodless, but in December 1918 there were two serious clashes in Berlin between government troops and workers. On 29 December 1918 the USPD withdrew from the coalition with the SPD, thus leaving the latter in sole charge of the government. At a conference held in Berlin from 30 December 1918 to 1 January 1919 the USPD's left wing — consisting largely of the *Spartakusbund*,[1] established in 1916–17 by Karl Liebknecht (1871–1919), Rosa Luxemburg (1871–1919) and others, founded the KPD.

The SPD leadership was desperately keen to limit the

---

1. The *Spartakusbund* named itself after the Thracian gladiator and slave, Spartacus, who proclaimed freedom for slaves and led a slaves' revolt in Ancient Rome in 73–71 BC.

extent of the revolution, to keep it 'moderate', and on 4 January 1919 they dismissed Emil Eichhorn, the Berlin *Polizeipräsident* (police chief). The government alleged that he was a subversive who had used his position to distribute arms and ammunition to revolutionary workers. The suggestion that he was dismissed in order to provoke a confrontation with the radical Left is equally plausible. Eichhorn had been nominated to his post by the USPD, and when he staunchly refused to quit, his party called for a mass protest on 5 January.

The turn-out was vastly greater than expected and, despite misgivings, the leadership of the KPD formed an *ad hoc* alliance with the USPD and the *Revolutionäre Obleute* (Revolutionary Shop Stewards, who represented the workers at many of the largest industrial undertakings in Berlin). Together they called for further demonstrations and a general strike for 6 January. The insurrection which ensued is generally referred to as the *Spartakus-Aufstand* of 5/6–12 January 1919. The insurgents took over the offices and printing-works of most of the major Berlin newspapers, some public buildings and gained control of substantial areas of central Berlin. (See photos on pp. 17, 18 and also p. 25). The uprising was brutally put down by an assortment of troops under the command of Gustav Noske (1868–1946), a member of the government and the SPD's 'strong-arm man'. By 12/13 January the uprising had been crushed; on 15 January Karl Liebknecht and Rosa Luxemburg were arrested and murdered the same evening by soldiers of the *Garde-Kavallerie-Schützen-Division*.

The uprising was scarcely thought out and its aims and tactics were unclear. Co-ordination between the groups claiming to lead it was also very inadequate. In particular, on 6 January about 200,000 rebels and demonstrators were on the streets of Berlin waiting for instructions from their leaders while the latter conferred for several hours behind closed doors. Noske later commented: "Wenn die Scharen entschlossene, zielklare Führer gehabt hätten, an Stelle von Schwadroneuren,[2] hätten sie am Mittag dieses Tages Berlin in der Hand gehabt."[3]

---

2. *Der Schwadroneur* (pl. *Schwadroneure*) = boastful gas-bag.

3. Gustav Noske, *Von Kiel bis Kapp: Zur Geschichte der deutschen Revolution*, Verlag für Politik und Wirtschaft, Berlin, 1920, p. 69.

In this text Rosa Luxemburg discusses the significance of the uprising and its suppression in a broad historical context. It first appeared in the KPD paper, *Die Rote Fahne* (*Berlin*) on 14 January 1919 and was the last thing that she was able to write for publication before she was murdered. For an excellent biography of Rosa Luxemburg, see J.P. Nettl, *Rosa Luxemburg*, 2 vols., Oxford University Press, London 1966; an ideal introduction to her life and work is Richard Abraham, *Rosa Luxemburg*, Berg, Oxford (forthcoming).

"Ordnung herrscht in Warschau!" teilte der Minister Sebastiani im Jahre 1831 in der Pariser Kammer mit, als Suworows Soldateska nach dem furchtbaren Sturm auf die Vorstadt Praga in der polnischen Hauptstadt eingerückt war und ihre Henkerarbeit an den Aufständischen begonnen hatte.

"Ordnung herrscht in Berlin!" verkündet triumphierend die bürgerliche Presse, verkünden Ebert und Noske, verkünden die Offiziere der "siegreichen Truppen", denen der Berliner kleinbürgerliche Mob in den Straßen mit Tüchern winkt, mit Hurra zujubelt. Der Ruhm und die Ehre der deutschen Waffen sind vor der Weltgeschichte gerettet. Die jämmerlich Geschlagenen von Flandern und den Argonnen haben ihren Ruf wiederhergestellt durch den glänzenden Sieg — über die 300 "Spartakisten" im "Vorwärts". Die Zeiten des ersten ruhmreichen Eindringens deutscher Truppen in Belgien, die Zeiten Generals von Emmich, des Bezwingers von Lüttich, erblassen vor den Taten der Reinhardt und Gen. in den Straßen Berlins. Niedergemetzelte *Parlamentäre*, die über die Übergabe des "Vorwärts" verhandeln wollten und von der Regierungs-Soldateska mit Kolben bis zur Unkenntlichkeit zugerichtet wurden, so daß die Rekognoszierung ihrer Leichen unmöglich ist, Gefangene, die an die Wand gestellt und in einer Weise hingemordet werden, daß Schädel und Hirn herumspritzen: Wer denkt da noch angesichts so glorreicher Taten an die schmählichen Niederlagen vor den Franzosen, Engländern und Amerikanern? "Spartakus" heißt der Feind und Berlin der Ort, wo unsere Offiziere zu siegen verstehen, Noske, der "Arbeiter", heißt der General, der Siege zu organisieren weiß, wo Ludendorff versagt hat.

[. . .]

Suppressing the *Spartakus-Aufstand*, Berlin, January 1919. See Text 4.

(above) A motley crew of anti-Spartacist volunteers, possibly the hastily improvised Freiwilliges Offiziersregiment.

(right) "Der Zentralpunkt der Kämpfe ist zurzeit zweifellos das Haus Mosse. Dort haben sich die Spartakisten verschanzt. An den Fenstern sind zur Deckung Berge von Büchern, Zeitschriften, Papierrollen und dergleichen aufgelegt, hinter denen Gewehrläufe und sonstige Waffen herausschauen. Angeblich sollen sich im Hause Mosse noch 300 Personen befinden. Das Gebäude der Firma Rudolf Mosse hat erheblich gelitten. Überall sind Einschlagstellen deutlich erkennbar. [...] Ebenso wie vor anderen Gebäuden hat man auch vor dem Hause Mosse Deckung aus Papierrollen errichtet, hinter denen Maschinengewehren verborgen sind." Deutsche Allgemeine Zeitung, *10. Januar 1919 (*Abendausgabe*). Note the books and newspapers in the windows of the Verlagshaus Mosse.*

Zu den Straßenkämpfen in Berlin
Von den Regierungstruppen aus Zeitungspapierrollen errichtete Barrikaden

The caption describes these soldiers as Regierungstruppen. Where they, perhaps, simply anti-Spartacist?

Was war diese letzte "Spartakuswoche" in Berlin, was hat sie gebracht, was lehrt sie uns? Noch mitten im Kampf, mitten im Siegesgeheul der Gegenrevolution müssen sich die revolutionären Proletarier über das Geschehene Rechenschaft ablegen, die Vorgänge und ihre Ergebnisse am großen historischen Maßstab messen. Die Revolution hat keine Zeit zu verlieren, sie stürmt weiter — über noch offene Gräber, über "Siege" und "Niederlagen" hinweg — ihren großen Zielen entgegen. Ihren Richtlinien, ihren Wegen mit Bewußtsein zu folgen ist die erste Aufgabe der Kämpfer für den internationalen Sozialismus.

War ein endgültiger Sieg des revolutionären Proletariats in dieser Auseinandersetzung, war der Sturz der Ebert-Scheidemann und eine Aufrichtung der sozialistischen Diktatur zu erwarten? Gewiß nicht, wenn man alle Momente reiflich in Betracht zieht, die über die Frage entscheiden. Die wunde Stelle der revolutionären Sache in diesem Augenblick, die politische Unreife der Soldatenmasse, die sich immer noch von ihren Offizieren zu volksfeindlichen gegen-revolutionären Zwecken mißbrauchen läßt, ist allein schon ein Beweis dafür, daß ein *dauernder* Sieg der Revolution in diesem Zusammenstoß nicht möglich war. Andererseits ist diese Unreife des Militärs selbst nur ein Symptom der allgemeinen Unreife der deutschen Revolution.

Das platte Land, aus dem ein großer Prozentsatz der Soldatenmasse stammt, ist nach wie vor noch von der Revolution kaum berührt. Berlin ist bislang noch vom Reich so gut wie isoliert. Zwar stehen in der Provinz die revolutionären Zentren — im Rheinland, an der Wasserkante, in Braunschweig, in Sachsen, in Württemberg — mit Leib und Seele auf seiten des Berliner Proletariats. Doch fehlt vorerst noch der unmittelbare Gleichschritt des Vormarsches, die direkte Gemeinsamkeit der Aktion, die den Vorstoß und die Schlagfertigkeit der Berliner Arbeiterschaft unvergleichlich wirksamer gestalten würde. Sodann sind — was nur der tiefere Zusammenhang jener politischen Unfertigkeiten der Revolution — die wirtschaftlichen Kämpfe, die eigentliche vulkanische Quelle, die den revolutionären Klassenkampf fortlaufend speist, erst im Anfangsstadium begriffen.

Aus alledem ergibt sich, daß auf einen endgültigen, dauernden Sieg in diesem Augenblick noch nicht gerechnet werden konnte. War deshalb der Kampf der letzten Woche ein "Fehler"?

[. . .]

Was zeigt uns die ganze Geschichte der modernen Revolutionen und des Sozialismus? Das erste Aufflammen des Klassenkampfes in Europa, der Aufruhr der Lyoner Seidenweber 1831, endete mit einer schweren Niederlage; die Chartistenbewegung in England — mit einer Niederlage. Die Erhebung des Pariser Proletariats in den Junitagen 1848 endete mit einer niederschmetternden Niederlage. Die Pariser Kommune endete mit einer furchtbaren Niederlage. Der ganze Weg des Sozialismus ist — soweit revolutionäre Kämpfe in Betracht kommen — mit lauter Niederlagen besät.

Und doch führt diese selbe Geschichte Schritt um Schritt unaufhaltsam zum endgültigen Siege! Wo wären wir heute *ohne* jene "Niederlagen", aus denen wir historische Erfahrung, Erkenntnis, Macht, Idealismus geschöpft haben! Wir fußen heute, wo wir unmittelbar bis vor die Endschlacht des proletarischen Klassenkampfes herangetreten sind, geradezu auf jenen Niederlagen, deren *keine* wir missen dürften, deren jede ein Teil unserer Kraft und Zielklarheit ist.

Es ist da mit Revolutionskämpfen das direkte Gegenteil der parlamentarischen Kämpfe. Wir hatten in Deutschland binnen vier

Jahrzehnten lauter parlamentarische "Siege", wir schritten geradezu von Sieg zu Sieg. Und das Ergebnis war bei der großen
geschichtlichen Probe am 4. August 1914 eine vernichtende politische und moralische Niederlage, ein unerhörter Zusammenbruch,
ein beispielloser Bankerott. Die Revolutionen haben uns bis jetzt
lauter Niederlagen gebracht, aber diese unvermeidlichen Niederlagen häufen gerade Bürgschaft auf Bürgschaft des künftigen End-
sieges.

Allerdings unter *einer* Bedingung! Es fragt sich, unter welchen
Umständen die jeweilige Niederlage davongetragen wurde, ob sie
sich dadurch ergab, daß die vorwärtsstürmende Kampfenergie der
Massen an die Schranke der mangelnden Reife der historischen
Voraussetzungen geprallt, oder aber dadurch, daß die revolutionäre
Aktion selbst durch Halbheit, Unentschlossenheit, innere Schwächen
gelähmt war.

Klassische Beispiele für beide Fälle sind einerseits die französische
Februarrevolution, andererseits die deutsche Märzrevolution. Die
heldenmütige Aktion des Pariser Proletariats im Jahre 1848 ist der
lebendige Quell der Klassenenergie für das ganze internationale
Proletariat geworden. Die Jämmerlichkeiten der deutschen Märzrevolution hingen der ganzen modernen deutschen Entwicklung wie
eine Fußkugel an. Sie wirkten durch die besondere Geschichte der
offiziellen deutschen Sozialdemokratie bis in die jüngsten Vorgänge
der deutschen Revolution, bis in die eben erlebte dramatische Krise
nach.

Wie erscheint die Niederlage dieser sogenannten "Spartakuswoche" im Lichte der obigen historischen Frage? War sie eine Niederlage aus stürmender Revolutionsenergie und unzulänglicher Reife
der Situation oder aber aus Schwächlichkeit und Halbheit der
Aktion?

Beides! Der zwiespältige Charakter dieser Krise, der Widerspruch
zwischen dem kraftvollen, entschlossenen, offensiven Auftreten der
Berliner Massen und der Unentschlossenheit, Zaghaftigkeit, Halbheit der Berliner Führung, ist das besondere Kennzeichen dieser
jüngsten Episode.

Die Führung hat versagt. Aber die Führung kann und muß von
den Massen und aus den Massen heraus neugeschaffen werden. Die
Massen sind das Entscheidende, sie sind der Fels, auf dem der
Endsieg der Revolution errichtet wird. Die Massen waren auf der
Höhe, sie haben diese "Niederlage" zu einem Glied jener histori-
schen Niederlagen gestaltet, die der Stolz und die Kraft des interna-

tionalen Sozialismus sind. Und darum wird aus dieser "Niederlage" der künftige Sieg erblühen.
"Ordnung herrscht in Berlin!" Ihr stumpfen Schergen! Eure "Ordnung" ist auf Sand gebaut. Die Revolution wird sich morgen schon "rasselnd wieder in die Höh' richten" und zu eurem Schrecken mit Posaunenklang verkünden:
Ich war, ich bin, ich werde sein!

Source: Rosa Luxemburg, 'Die Ordnung herrscht in Berlin', in Rosa Luxemburg, *Gesammelte Werke*, Bd. 4 (*August 1914 bis Januar 1919*), hrsg. vom Institut für Marxismus-Leninismus beim Zentralkomitee der SED, Dietz Verlag Berlin, 1974, pp. 533–38 (abridged as indicated). Note that the footnotes in the critical edition have been omitted. Reprinted by kind permission of the publishers.

Notes

die Soldateska = soldiery.

Ebert: Friedrich Ebert (1871–1925) became chairman of the SPD in 1913 following August Bebel's death. In 1918–19 he was the *de facto* leader of the SPD and was one of the key figures in the alliance referred to in the introductory section to Text 3. Ebert was the first President of the Weimar Republic from 1919 till his death in 1925.

Noske: see introductory section.

Der Ruhm und die Ehre deutscher Waffen = the glory and honour of the German army.

die Argonnen = the Argonne, a plateau in NE France, bitterly fought over in 1914–15.

"*Vorwärts*": this refers to the *Vorwärts-Gebäude*, a massive building, which housed the offices and printing works of *Vorwärts*, the main SPD daily newspaper in Berlin. It was occupied by the rebels on 5 January 1919, but they had to surrender six days later.

der Bezwinger = conqueror.

Lüttich = Liège. Much to the surprise of the German generals the fortresses of this city resisted the advance of the German Army through Belgium for ten days in 1914 (6–16 August).

Reinhardt: Walther Reinhardt (1872–1930) was appointed as the last Prussian Minister of War in January 1919. In October 1919, following a reorganization of the German Army, he became *Chef der Heeresleitung* (Head of the Supreme Army Command). After the Kapp-Putsch he was succeeded by Seeckt.

und Gen. (short for *und Genossen*) = and co. (pejorative).

niedermetzeln = to slaughter, butcher.

der Kolben (pl. *die Kolben*) = club, rifle-butt.

zurichten = to beat up.

die Rekognoszierung = formal identification.

Ludendorff: Erich Ludendorff (1864–1937) first achieved prominence on the Eastern Front in 1914. In August 1916 he was appointed *Generalquartiermeister*, and in this post he was the effective head of the entire German war machine for two years and at the same time exercised extensive dictatorial powers within Germany. A rabid nationalist, he joined the Nazis in the early 1920s and took part in their abortive *Putsch* in 1923.

das Siegesgeheul = victorious howling.

sich Rechenschaft ablegen über + acc. = (in this context) to give an account to itself (or themselves) of something.

Ebert-Scheidemann: see note above on Ebert. Philipp Scheidemann (1865–1939) had become a leading member of the SPD in 1911 and by 1916 his position in the party was second only to that of Ebert. Like Ebert he was a key figure in the alliance referred to in the introductory section to Text 3 and in February 1919 he became *Reichsministerpräsident* (i.e. *Reichskanzler*). He resigned the post four months later in protest against Germany's acceptance of the Treaty of Versailles.

das platte Land: here the author is referring to the predominantly agrarian area of the North German plain.

die Wasserkante: here this refers above all to Bremen and Hamburg and possibly also Kiel.

vorerst = for the time being.

der Gleichschritt = (in this context) co-ordination, co-ordinated action (lit. marching in step).

der Vormarsch = advance.

sodann = then, moreover.

Das erste Aufflammen des Klassenkampfes in Europa: many historians would regard strikes and working-class uprisings in England from *c.*1815 onwards as earlier manifestations of this.

der Aufruhr der Lyoner Seidenweber 1831: in the aftermath of the 1830 Revolution in France the silk-weavers in Lyon attempted to obtain better wages and to force the entrepreneurs to agree to set tariffs for the various kinds of work done in the industry. The dispute culminated in a mass uprising and the rebels succeeded in gaining control of the whole city. The authorities, after some initial wavering, put down the rebellion with much savagery and bloodshed.

die Chartistenbewegung: this was a popular proletarian movement in Britain which sought to achieve basic political rights for all adult men. The movement was founded in 1836, reached a peak in 1839 and continued into the 1840s. There were some riots and bloodshed.

die Junitage 1848: there were two major popular uprisings in Paris in 1848. The first, in February, was relatively successful for a time, but soon reactionary elements regained influence. There was a second mass uprising in June, which was suppressed with appalling brutality.

Die Pariser Kommune: during the Franco-Prussian War of 1870–1 Paris was besieged by the Prussian army for four months (September 1870–January 1871). In February 1871 a new right-wing government was elected in France which promptly sought peace on terms dictated by Prussia. Following an attempt by the government to disarm the national guard in Paris there was a mass uprising, partly under the leadership of the city council or *commune*. The rebellion, which lasted from March till May 1871, was savagely crushed and *after* the rebellion had collapsed about 25,000 rebels (and alleged rebels) were slaughtered by government forces.

die Erkenntnis = (in this context) knowledge.

fußen = (in this context) to stand.

am 4. August 1914: this was the date on which the SPD and the German government concluded a *Burgfrieden* or truce which gave the government a free hand in conducting the war.

die Bürgschaft = guarantee.

davontragen = (in this context) to suffer.

an die Schranke der mangelnden Reife der historischen Voraussetzungen geprallt = collapsed because the historical circumstances were not ripe for it.

die französische Februarrevolution: see note above on *Junitage 1848*.

die deutsche Märzrevolution: this refers to the German Revolution which began in March 1848 but collapsed within about a year.

die Fußkugel = millstone round the neck (lit. ball chained to the foot).

die Unentschlossenheit, Zaghaftigkeit, Halbheit der Berliner Führung: see introductory section.

Ihr stumpfen Schergen! = You obtuse thugs!

"sich wieder rasselnd in die Höh' richten" = "will arise again brandishing arms".
   The editor has been unable to identify the source of this quotation.

mit Posaunenklang = with the sound of trumpets.

verkünden = to proclaim.

(General heading:) In early March 1919 there was a second Spartacist uprising combined with a general strike in Berlin. Noske, the SPD's 'strong-arm' man, was in charge of the armed forces which suppressed it. On 7 March 1919 he issued the order: Jede Person, die mit den Waffen in der Hand gegen Regierungstruppen kämpfend angetroffen wird, ist sofort zu erschießen. *The troops interpreted this very freely and in all about 1,200 people were killed.*

Große Straßenkämpfe in Berlin während des Generalstreiks
Durch Artilleriefeuer zerstörtes Haus am Strausberger Platz

Große Straßenkämpfe in Berlin während des Generalstreiks
Zerstörtes Haus Palisadenstraße

(above) "Am gestrigen Freitag abend [den 7. März] war gegen 6 Uhr eine Art Ruhepause eingetreten. Gegen 9 Uhr abends setzt ein heftiges Geschützfeuer ein. Salve auf Salve wird aus den schweren Geschützen vom Alexanderplatz her abgegeben und heulend, pfeiffend sausen die großen Geschosse in verhältnismäßig niedriger Höhe die Frankfurter Allee entlang. Die Spartakisten erwidern das Feuer nicht, aber sie beherrschen noch immer den Straßenzug bis zum Strausberger Platz." [. . .] Deutsche Allgemeine Zeitung, 8. März 1919 (Abendausgabe).

(left) The Palisadenstraße is very close to the Strausberger Platz.

Berliner Großkampftage während des Generalstreiks
Spuren der erbitterten Kämpfe an einem Goldwarengeschäft

A.C.&C

5. Der Kapp-Putsch in Berlin (1920)**

As noted in the introductory section to Texts 3 and 4, the
German Revolution was very limited in scope. Thorough-
going reactionaries remained immensely powerful and
influential, not least in the armed forces. Moreover,
during the period 1918–23 Germany was permanently
on the brink of civil war, though these tensions erupted
only sporadically into open violence.

Under the terms of the Treaty of Versailles the size of
Germany's armed forces had to be reduced drastically in
the course of 1920 and the German government did not
initially possess the necessary power to enforce the re-
quired reductions. Late in February 1920 the victors
demanded the immediate disbanding of the *Marinebrigade
Ehrhardt*, a particularly large and well-equipped *Freikorps*

(or band of mercenaries) stationed at Döberitz, between Potsdam and Berlin.[1] A group of reactionary conspirators, headed by General Walther von Lüttwitz (1859–1942), Wolfgang Kapp (1858–1922), a retired civil servant, and Traugott von Jagow (1865–1941), a former Berlin police chief, exploited the situation to attempt to overthrow the government and the Weimar Constitution. Instead of disbanding, the *Marinebrigade Ehrhardt*, together with units from two other *Freikorps*, occupied Berlin early on Saturday 13 March 1920 and proclaimed Kapp *Reichskanzler*. The legitimate government fled to Dresden, then moved to Stuttgart. The trade unions and some professional bodies, notably the senior ranks of the civil service, resisted with a general strike. In Berlin the effects of the strike began to bite hard on 15 March when electricity, gas and water supplies were cut off. In the provinces the Left resisted with armed uprisings in the industrial areas, especially in the Ruhr (see Text 6). Kapp himself turned out to be an incompetent who was unable even to form a government! On 17 March he and his band of conspirators resigned and the following day the *Marinebrigade* and other *Freikorps* left Berlin amid considerable bloodshed: the *Putsch* had collapsed. The strike continued for several days in Berlin and in some industrial areas in the provinces strikes and fighting continued for much longer. (Typically the judiciary imposed derisory sentences on the convicted *Putschisten*. Many of the conspirators were never even brought to trial.)

Very few *Reichswehr* officers were prepared to defend the legitimate government. With a handful of exceptions they 'sat on the fence', waiting to see which side would win; and once the *Putsch* had failed they displayed much zeal in suppressing left-wing uprisings in the provinces.

For more detail, see J.H. Morgan, *Assize of Arms . . .* , Vol. 1, Methuen, London, 1945, pp. 59–80; F.L. Carsten, *The Reichswehr and Politics 1918 to 1933*, Clarendon Press, Oxford, 1966, pp. 78–99; Erhard Lucas, *Märzrevolution 1920, Band 1: Vom Generalstreik gegen den Militärputsch*

---

1. The *Marinebrigade Ehrhardt* had also acquired an almost unparalleled reputation for savagery when fighting to 'defend German interests' in Latvia. Its regimental song is of some interest. The first verse ran: 'Hakenkreuz am Stahlhelm, schwarz-weiß-rotes Band/Die Brigade Ehrhardt werden wir genannt! — and the refrain: Und wir wollen, wollen, wollen keine Judenrepublik'.

zum bewaffneten Arbeiteraufstand, Verlag Roter Stern, Frankfurt am Main, 1974; pp. 86–118.

The text below is taken from the *Berliner Tageblatt* which was the leading Berlin liberal daily newspaper at the time (24 March 1920 was the first day on which newspapers were able to appear again in Berlin after the Kapp-Putsch).

Some of the emphases (indicated in the original by spaced type) have been omitted.

Am 18. März, auf dem die blutige Glorie anderer Revolutionserinnerungen unvergänglich haftet, hatte das Volk seinen Siegestag. Die Truppen, die sich in den Dienst der reaktionären Verschwörung gestellt, an der Überrumpelung Berlins teilgenommen hatten, zogen ab. Eine Gruppe ehrgeiziger, auf Volk, Recht und Freiheit dreist herabnäselnder Gewaltmenschen hat durch einen Handstreich die Macht an sich zu reißen versucht. Sie hat *von hinten den Dolchstoß gegen die Heimat geführt*. Das Unternehmen ist mißglückt. Das deutsche Volk, voran das Volk von Berlin, hat sich entschlossen zur Wehr gesetzt. Neuen grenzenlosen Schaden hat der Frevel dem Lande zugefügt. Abermals hat der nationalistische, *von den Rechtsparteien gewissenlos gezüchtete* Willkürgeist Deutschland in unabsehbare Verwirrung gestürzt. Abermals erwächst dem demokratisch gesinnten, nach Gesundung strebenden Volke die Pflicht, das aufzubauen, was eine Schar von Abenteurern zerstört und vernichtet hat. Wir vertrauen darauf, daß dieses Volk, noch stürmisch erregt durch den frechen Überfall, wiederum ein Beispiel *echter* Vaterlandsliebe geben wird.

Daß das Feuer, das die reaktionären Brandstifter entzündet haben, sich nicht sofort wieder löschen lassen würde, war vorherzusehen. An manchen Stellen im Lande loht es noch empor. Das Land war ruhig, die Arbeitslust wuchs, die Ziffern der Kohlenproduktion gingen in die Höhe, der kommunistische Radikalismus verlor unablässig an Einfluß, das Ausland versprach uns Anleihen, Handel und Industrie hatten neuen Lebensmut. Da schlich sich nachts *die Bande der Kapp und Jagow* in die friedlichen Bezirke fleißigen Schaffens, überfiel, genau wie in früheren Zeiten, der Faustrechtsritter die arbeitsame Stadt. Der gerechte, leidenschaftliche Zorn, den das Verbrechen im Volke entfesselt hat, fordert Bestrafung der Übeltäter und Verhinderung neuer Übeltat. Endlich muß Deutschland gegen die Anschläge der Kasinobonapartes gesichert sein. Der Allgemeine Deutsche Gewerkschaftsbund, die Freien Angestelltenverbände und der Deutsche Beamtenbund haben auch nach dem Sturze der Putschkatilinarier den *Generalstreik noch fortgesetzt*. Sie haben der Regierung Bedingungen gestellt, deren Erfüllung den verjagten reaktionären Eindringlingen die Wiederkehr unmöglich machen soll. Darüber, daß die Urheber und Haupthelden des Verbrechens streng bestraft werden müssen, bestand vom ersten Augenblicke an zwischen den Arbeitern un den "bürgerlichen" Demokraten, zwischen der Regierung und den Mehrheitsparteien, zwischen Stuttgart und Berlin volle Einigkeit. Schon vor dem Zusammenbruch der Kapp und Lüttwitz hat der Gesamtvorstand der Deutschen Demokratischen Partei einstimmig diese Forderung aufgestellt. Ebenso notwendig, ebenso selbstverständlich ist "die Auflösung aller der Verfassung nicht treugebliebenen konterrevolutionären militärischen Formationen und ihre Ersetzung durch Formationen aus den Kreisen der zuverlässigen republikanischen Bevölkerung", wobei, wie der Einigungsvertrag hervorhebt, kein Stand zurückgesetzt werden darf. Ebenso notwendig, und ebenso selbstverständlich, ist die "gründliche Reinigung der gesamten öffentlichen Verwaltungen und Betriebsverwaltungen von gegenrevolutionären Persönlichkeiten", und dabei werden ja wohl auch diejenigen Offiziere der Sicherheitswehr nicht vergessen werden, die ihr Überlaufeifer, wie versichert wird, bis zur Einsperrung nicht eidbrüchiger Untergebener trieb. [. . .]

Herr Kapp und seine Spießgesellen hatten auch ein "Programm". Sie waren "republikanisch", sie wollten — die Schieber — das Schiebertum bekämpfen, sie versprachen, um einige schwankende Erscheinungen des Liberalismus zu ködern, ein "Arbeitsparlament". Es lohnt nicht, über dieses naive Dokument zu reden, das aus tönenden Gemeinplätzen und Verheißungen nach allen Seiten hin bestand. Mehr als mit dem Programm winkten sie mit dem Pogrom. Was hatten sie noch? Außer Handgranaten, Maschinengewehren, nationalen Flugblättern und [. . .] Militärmusik wendeten sie, mit rastlosem Eifer, ein ihnen besonders teueres Regierungsmittel an. Sie *logen* mit unverschämter Dreistigkeit. Sie logen von früh bis spät, bei Tage und in der Nacht. Jedes Wort, das sie veröffentlichten, jede Nachricht, die sie verbreiten ließen, kam aus einer Schwindelfabrik. Es war noch dieselbe Fabrik des Oberst Bauer und seiner Freunde, die während des Krieges nur Siege gemeldet und dem Publikum erzählt hatte, daß die Reservearmeen Fochs zertrümmert seien. [. . .]

Die Neuwahlen können gar nicht schnell genug kommen und wir alle wünschen sie herbei. Das Volk wünscht sie herbei, um mit den reaktionären Parteien über die Ruchlosigkeit abzurechnen, die aus ihrer geistigen Befruchtung entstanden ist, unter ihrer Obhut begann.

Denn kein spätes Verleugnen, kein nachträgliches Abrücken kann da helfen: *die Mitschuld der Deutschnationalen und der Deutschen Volkspartei* ist klar. Sie haben die Geister geformt, die gegen Berlin und gegen Deutschland losgelassen wurden, und sie haben nur den Erfolg abgewartet, um den Kapp und Jagow zu sagen: Nehmt uns, wir sind da! Zweifellos, einige von ihnen, die Einsichtigsten und Anständigsten, waren entsetzt. Der große Haufen in den Fraktionen und Parteien hielt sich bereit, zu den Einbrechern überzugehen. Unvorsichtig und schon von der Hoffnung auf nahen Machtbesitz berauscht, haben sie in Dokumenten, in Kundgebungen und Erklärungen, ihre Hoffnungen, ihre Herzensneigung, ihr Wohlwollen für Kapp–Catilina und seine Ritterschaft gezeigt. Sie sind mitschuldig an der ungeheuren Verwirrung, in die Deutschland gestürzt wurde, und an dem neuen Gemetzel, an den Blutbächen, an der wirtschaftlichen Katastrophe, und auch für sie gibt es keine Amnestie.

Source: [Theodor Wolff], 'Nach dem Siege des Volkes', *Berliner Tageblatt*, 24 March 1920 (abridged as indicated).

Notes

der 18. März, die blutige Glorie anderer Revolutionserinnerungen: in Germany the liberal revolution of 1848 began on 18 March.

haften auf + dat. = (in this context) to be associated with.

die Überrumpelung = surprise attack.

herabnäseln = to look down with contempt.

der Gewaltmensch = man of violence.

der Handstreich = coup d'état.

Sie hatte von hinten den Dolchstoß gegen die Heimat geführt: here the author uses the imagery of the *Dolchstoßlegende* (the notion that Germany had been defeated in the First World War by subversion at home, and not in the field) against the Right.

der Willkürgeist = spirit of dictatorship, despotism.

Kapp: see introductory section.

Jagow: Traugott von Jagow was one of the leading conspirators. As chief of the Berlin police in the years 1909–16 he had been notoriously oppressive and fanatically anti-Left. He had also abused his position for various purposes, including sexual harassment.

der Faustrechtritter = robber baron (cf. *das Faustrecht* = law of the jungle).

die Kasinobonapartes = (would-be) dictators plotting in casinos.

der Allgemeine Deutsche Gewerkschaftsbund: this was the central organization of the trade unions.

die Freien Angestelltenverbände: this refers to the white-collar unions.

die Putschkatilinarier: many dictionaries do not give *der Katilinarier* or its derivatives. Others give unhelpful translations, such as 'catilian'! *Ein Katilinarier* is best translated as a 'desperate populist conspirator'. (The word is derived from Catilina, a Roman politician who was all of these things, and a criminal. He died in 63 BC.)

die Mehrheitsparteien: this refers to the parties from which the legitimate government was drawn — the SPD, DDP and Zentrum.

Stuttgart: the legitimate government had moved there during the *Putsch*. (See introductory section.)

die Deutsche Demokratische Partei (DDP): this was the mainstream Liberal party — and the one that the *Berliner Tageblatt* generally supported.

der Stand (pl. *Stände*) = (in this context) social class.

Offiziere der Sicherheitswehr . . . , die ihr Überlaufeifer, wie gesichert wird, bis zur Einsperrung nicht eidbrüchiger Untergebener trieb = officers of the paramilitary police whose zest for changing sides drove them, as is reliably reported, to imprison subordinates who would not break their oath of loyalty (to the legitimate state). These reports were indeed correct.

der Spießgeselle = crony, accomplice.

Sie waren "republikanisch": in their official pronouncements Kapp and his supporters claimed that they were republican. What in fact they wanted was a dictatorship dressed up as a corporate state.

einige schwankende Erscheinungen des Liberalismus = some wavering elements (?) among the liberals.

ködern = to offer a bait, to tempt.

ein "Arbeitsparlament": this was to be an assembly in which various interest groups, including the various professions and occupations were to be represented (see note above on *Sie waren "republikanisch"*).

winkten sie mit dem Pogrom = they promised, beckoned with an outburst of anti-semitism.

ein ihnen besonders teueres Regierungsmittel = a means of governing particularly dear to their hearts.

die Schwindelfabrik = factory of lies.

Oberst Bauer: Oberst Max Bauer (1869–?) was one of the conspirators. During the First World War he had been a member of the *Oberste Heeresleitung* and a close associate of Ludendorff.

die Ruchlosigkeit = evil, wickedness.

die Deutschnationalen, die Deutsche Volkspartei: after the failure of the *Putsch* these two parties 'fell over backwards' to dissociate themselves from it! (At that time the DVP was politically close to the DNVP: in 1920 it was *not* a right-wing liberal party in any meaningful sense of the term.)

die Fraktion = parliamentary party.

Kapp-Catilina und seine Ritterschaft = Kapp alias Catilina and his robber barons. (In connection with *Catilina*, see the note above on *Putschkatilinarier*.)

6. "Der Sieg ist unser. . . ."*

In the Ruhr, the industrial areas of the Rhineland and in the Wupper Valley the Left responded swiftly and vigorously to the Kapp-Putsch (see preceding text) and, within about a week, succeeded in forming a Red Army of about 50,000 men. (See illustrations on pp. 32, 33.) They were confronted by units of the *Reichswehr*, various *Freikorps*, and the paramilitary *Sicherheitspolizei*. Civil war raged in much of the region for several weeks, ending with the defeat of the Red Army.

In the early stages the Red Army gained control of Dortmund, Duisburg, Elberfeld, Essen and many smaller towns. One of its most spectacular successes was at Remscheid. When the Red Army attacked early on 19 March 1920 the town was occupied by units of the *Reichswehr* and by units from one *Freikorps* — in all, about 1,200 men. Yet Remscheid fell to the Red Army within a matter of hours, partly as a result of the spontaneous participation of the workers there once the battle started. The defeated *Reichswehr* and *Freikorps* units fled into the Cologne bridgehead of the British Zone where they were disarmed and interned.

This text — a placard or poster — appears to have been printed hastily during the afternoon or evening of 19 March 1920. No attempt has been made to reproduce the many different type sizes in the original.

Der Sieg des Volkes!

Das Freikorps Lützow entscheidend geschlagen, unter Zurücklassung sämtlicher Waffen und Ausrüstung in regelloser Flucht ins besetzte Gebiet übergetreten.

Das ist mit kurzen Worten das Ergebnis eines erbitterten und opferreichen Kampfes, den das Proletariat gegen diese monarchistischen Freischärler geführt hat.

Die Remscheider Arbeiterschaft hat ihre volle Pflicht getan, das sei anerkannt.

Aber Hochachtung, Anerkennung und unauslöschlichen Dank unseren sterbensmutigen Brüdern, die uns zur Hilfe geeilt sind aus Hagen, Schwelm, Gevelsberg, Bochum, Barmen-Elberfeld.

The Red Army of the Ruhr and Northern Rhineland, March/April 1920.
See Text 6.

(above) The Red Army in action. (below) Soldiers of the Red Army being transported to the front. (above, right) A young lad belonging to the Red Army on patrol near Dinslaken. (All three photographs reproduced by kind permission of Reimar Hobbing Verlag, Essen.)

Sie schlugen ihr Leben in die Schanzen, um die letzte Hochburg der Militaristen in unserem Bezirk, um Remscheid zu entsetzen. Es ist ihnen glänzend gelungen.

Die feigen Soldknechte der Reaktion, dieses zusammengelaufene Mord- und Raubgesindel knickte feige zusammen, als es dem entschlossenen Willen der Arbeiterschaft gegenüberstand.

Doch genug, nicht Zeit zum Worte machen haben wir.

Der Sieg ist unser, das arbeitende Volk übernimmt die Verwaltung der Stadt.

Arbeiter, Angestellte, Volksgenossen! Ihr habt gezeigt, daß Ihr siegen könnt, nun gilt es, den Sieg zu halten.

Wir fordern Euch auf, sofort alle Waffen, die heute an Euch ausgegeben und die erobert wurden, auf dem Hofe des Volkshauses in der Bismarckstraße abzugeben.

Die Gründung einer roten Armee wird sofort in Angriff genommen, zur Sicherung der Stadt, zur Sicherung von Leben und Eigentum.

Die Kampfleitung.

Vorbereitungen für die Sicherung des Sieges.

Kampfgenossen!

Unsere dringendsten Aufgaben sind jetzt:

(1) Säuberung der Ecken und Häuser von den feigen Einwohner-wehrhelden, die noch nach Schluß des Kampfes aus den Fenstern und von den Dächern die Freiheitskämpfer hinterhältig niederschossen.

(2) Sofortige Organisierung einer guten Arbeiterwehr und der roten Armee.

(3) Sorgfältige Einsammlung der Waffen und Munition.

(4) Einsammlung des Pferde- und Wagenmaterials.

(5) Sicherung der Lebensmittelläger gegen Plünderer.

(6) Feste Zusammenfassung des Proletariats.

(7) Unterbindung jeder Kuddelmuddelei mit den Leuten, die uns immer verraten haben.

Erläuterung: Alle waffenfähigen und bewaffneten Arbeiter wollen sich sofort im Volkshaus melden.

Herumliegende Waffen und Munition sind im Volkshaus und im Rathaus abzuliefern.

Pferde- und Wagenmaterial ist im Schlachthof abzuliefern.

Gegen Plünderer und Schädiger der Gesamtheit wird mit den schärfsten Mitteln vorangegangen werden.

Arbeiter, laßt Euch nicht einschüchtern! Organisiert straff die Sicherung Eures Sieges! Schlaft nicht! Jetzt erst beginnt die Riesen-arbeit. Wollt Ihr Euch vor neuen Opfern bewahren und Euch selbst schützen, dann befolgt aufs strengste diese Richtlinien.

Nähere Angaben folgen.

Die Kampfleitung.

Source: Archiv der Stadt Remscheid, Plakatsammlung.

Notes

das Freikorps Lützow: this *Freikorps*, headed by Major von Lützow, must not be confused with the *Lützowsche Freikorps* under Adolf von Lützow (1782–1834) which fought with the Prussians against the French in 1813–14! The latter is the subject of a poem by (Karl) Theodor Körner entitled 'Lützow's wilde Jagd'.

regellos = (in this context) disorderly.

das besetzte Gebiet: this refers to the British Zone of Germany. The Cologne bridgehead extended to a point between Remscheid and Solingen. During their internment at Dellbrück near Cologne, the defeated soldiers and freebooters seem to have behaved pretty abominably. When their baggage was brought to Dellbrück by employees of the city of Solingen they beat up these civilians: 'Zu unserer gestrigen Notiz über die Vorgänge im Lager Delbrück (*sic*) wird uns von einem Augenzeugen noch mitgeteilt, daß die Begleitleute der Bagage, nachdem sie von den Briten kontrolliert waren, von den Reichswehrsoldaten angegriffen wurden. Zu ihrem persönlichen Schutz mußten daraufhin, um schlimmeren Weiterungen vorzubeugen, die Engländer eingreifen und den Ausschreitungen ein Ende machen'. (*Walder Zeitung*, 27 March 1920)

der Freischärler: this word is derived from *die Freischar*, equivalent here to *Freikorps*.

das Leben in die Schanze schlagen = to risk one's life.

entsetzen = to relieve (the word has nothing to do with *shock, horror* here!).

der Soldknecht (pl. *Soldknechte*) = mercenary, hireling.

das Volkshaus: the chief municipal archivist of Remscheid, Dr W. Lorenz, has kindly supplied the editor with the following information in a letter dated 18 September 1986: Das "Volkshaus" in der Bismarckstraße 59 und 61 war ursprünglich ein Hotel, ging 1910 an eine neugegründete "Volkshausgenossenschaft GmbH" über und diente der SPD als Versammlungsraum und ab 1917 als Verlag und Druckerei der "Berg. Volksstimme". Über die USPD kamen Volkshaus und Zeitung um 1920/21 (genaues Datum ist nicht bekannt), an die KPD. Laut Adreßbuch 1921/22 beherbergte damals das Haus Bismarckstraße Nr. 59a die Geschäftsräume der Berg. Volksstimme, das Büro der Vereinigten Kommunistischen Partei, des Deutschen Transportarbeiter Verbandes und des Deutschen Bauarbeiterverbandes, in Nr. 61 befanden sich ebenfalls Geschäftsräume der Berg. Volksstimme sowie eine Gastwirtschaft (Parteilokal). Es war ein Komplex von vier Häusern (Nr. 59, 59a, 59b, 61) mit guten Unterschlupf- und Fluchtmöglichkeiten.

(The *Bergische Volkstimme* referred to above was a local daily newspaper.)

Die Gründung einer roten Armee: this refers to the establishment of a *local* unit of the Red Army in Remscheid, for the Red Army was already in existence elsewhere in the region.

die Säuberung = (in this context) purging.

die Einwohnerwehrhelden: the reference to *Helden* is made ironically. The *Einwohnerwehr* was a secret society of reactionary vigilantes.

die Kuddelmuddelei: this obviously means *dealings, collaboration*. (The word appears to be a curious neologism: *die Kuddelmuddel* means *chaos, confusion*, and even with the addition of the suffix *-ei* does not seem to fit the context.)

vorangehen gegen = to proceed against, take action against, deal with.

7. Terror in Halle an der Saale (1920)*

In the industrial areas of Saxony (and Prussian Saxony) the Kapp-Putsch led to prolonged strikes and to fighting between workers and the various armed forces. This text provides a vivid illustration of how savagely the *Reichswehr* (i.e. the regular army!) could behave when fighting against what it regarded as the 'enemy within', i.e. the organized Left and the working class in general.

Halle, 25. März

Unglaubliche Gewalttaten, so wird uns gemeldet, werden von der rasend gewordenen Soldateska verübt. Nach mühevollen Verhandlungen war es am Montagabend gelungen, eine Vereinbarung zwischen dem Garnisonkommando und der Kampftruppe der revolutionären Arbeiterschaft zustandezubringen. Unter der schriftlich gegebenen Versicherung, daß seitens des Militärs nichts gegen die Führer und Angehörige der Arbeitertruppen unternommen würde, räumten die Arbeiter in den Morgenstunden des Dienstags ihre Stützpunkte innerhalb der Stadt und die außerhalb belegenen Stellungen. Das Militär [. . .] rückte bald nach und errichtete eine geradezu beispiellose Schreckensherrschaft.

Die geräumten Stadtteile wurden von Soldaten durchsucht und alles, was der Arbeiterschaft irgendwie behilflich gewesen zu sein im Verdachte stand, festgenommen, mit Draht zusammengebunden und mit hochgehobenen Händen nach den Kasernen geschleppt und aufs schwerste mißhandelt. Kindern hat man die Hände zusammengebunden und sie unter allerlei Martern zu Denunziationen gezwungen. Standrechtliche Erschießungen sind in Halle und verschiedenen umliegenden Dörfern gestern in großer Zahl erfolgt. Die Erregung der Arbeiterschaft ist so groß, daß sie gestern in zehn überfüllten Volksversammlungen einmütig die Fortsetzung des Generalstreiks in verschärfter Form — unter Umständen bis zur Sabotage der Gruben und ähnlicher Werke — beschloß. Die Eisenbahner, die gestern bereits mit der Arbeit begonnen hatten, legten sofort wieder die Arbeit nieder und gelobten, in Gemeinschaft mit ihren Klassengenossen auszuharren, bis die politischen Gefangenen befreit sind.

Source: *Freiheit. Berliner Organ der Unabhängigen Sozialdemokratie Deutschlands,* Abend-Ausgabe, 25 March 1920 (abridged as indicated).

Notes

die Soldateska = soldiery.
belegen: this adjective, which is now archaic, means 'situated'.
die Schreckensherrschaft = reign of terror.
die Marter = torture.
die standrechtliche Erschießung = on-the-spot execution.
erfolgen = to take place, occur (nothing to do with 'success'!).
die Erregung = (in this context) anger.
einmütig = unanimously.
die Gruben: Halle is on the edge of the Saxon coalfield.
geloben = to vow, swear.

Inflation! The 'Great Inflation' of 1919–1923 has become almost legendary. Hyperinflation is nearly always an indication that a society is in a state of civil war — or on the brink of it.

(left) Series of banknotes issued by the Reichsbank *on 25 July 1923.*

(above) Two notes issued by the Reichsbank *on 20 October 1923.*

In the final stages, hyperinflation became utterly apoplectic. (NB: Eine Milliarde = one thousand million; eine Billion = one million million, unlike in American and modern British usage where a billion means one thousand million, i.e. eine Milliarde.) The currency was stabilised in November 1923 on the basis of one million million (eine Billion) paper-marks to one Rentenmark, but the old currency remained in existence alongside the new well into 1924, and continued to be issued until March 1924.

In den Berliner Markthallen kosteten am 21. Juli 1923
    1 Pfund Rindfleisch   *40 000–55 000 M*
       "   *Schweinefleisch*   *48 000–56 000 M*
       "   *Kaffee, geröstet*   *90 000–120 000 M*
       "   *Zucker*   *3 600 M*

Heute kosten in Berlin (21.9.1923)
    (Preise in 1 000 M)
    Markenbrot (1 900 g)   *7 000*
    Straßenbahn   *3 000, Umsteiger 3 500*
    Brief   *Berlin 100, außerhalb 250*
    Automatengespräch   *500*

In den Berliner Markthallen kosteten am 2. November 1923
    (Preise in Milliarden Mark)
    1 Pfund Rindfleisch   *35–44*
       "   *Schweinefleisch*   *45–50*
       "   *Kaffee, geröstet*   *75–106*
       "   *Zucker*   *10,8*

Source: Deutsche Allgemeine Zeitung, *22.7.1923, 22.9.1923 and 3.11.1923.*

Notgeld! Towns, villages, organizations and firms issued their own token money (much of it bogus), thus adding to the inflation.

Some of the Notgeld *was humorous*

. . . some frivolous

while the mining town of Bitterfeld preferred a mixture of allegory and realism.

8. Besuch beim NS-"Oberkommando" (Oktober 1923)**

In the autumn of 1923, at the height of the Great
Inflation, various extreme right-wing groups tried to
exploit the chaotic conditions in Germany to overthrow
the government and abolish the Weimar Republic. However their schemes were poorly co-ordinated and the
uprising of the *Schwarze Reichswehr* (i.e. illegal *Reichswehr*)
in Küstrin in October 1923 was easily suppressed.
Unlike at the time of the Kapp-Putsch, the *Reichswehr*
(except in Bavaria) was loyal to the Republic, albeit on
its own terms. It must also be borne in mind that even in
Bavaria the Nazis were at loggerheads with the main
body of the extreme Right and were widely regarded by
the latter as a bunch of 'hotheads'.

In October 1923 the socialist journalist Leo Lania
succeeded in gaining access to the Nazi Party headquarters by pretending to be the correspondent of an
Italian Fascist newspaper and by providing himself with
an appropriate forged pass. This text describes his observations there. What seems to emerge is a picture of a
very amateurish, puerile outfit with plenty of money.

Leo Lania was the pseudonym of Lazar Herrmann,
subsequently (?) simplified to Herman (1896–1961), a
journalist, playwright, film-maker and novelist (see also
Texts 13 and 18). A committed socialist, he emigrated
from Germany to Vienna (where he had spent much of
his early life) in November 1932, but he went to Berlin
on a visit in January 1933. When fleeing back to Vienna
in February 1933 he had a narrow escape. The Nazis
had not forgotten his visit to their headquarters, nor the
book from which this text is taken.

> In Dresden we had a long stop. I left the train and
> bought the latest copy of the *Völkischer Beobachter*. On
> an inside page my eyes fell on a three-column headline:
> 'The Jewish War Begins!'
> Mechanically I read the first sentences: 'The Jew
> Stern from Frankfurt-am-Main, masquerading under
> the name of Lord Northcliffe . . . ! Shaken with laughter,
> I paused for a moment. Then my eyes returned to the
> page: ' . . . was the most dangerous enemy of Imperial
> Germany, and today Leo Lania . . .'.

The list of my sins, filling a whole column, did not greatly touch me. But in the second paragraph the writer played his trump. He 'revealed' that my real name was not Leo Lania, but Lazar Herman.

I had expected to cross the Czechoslovakian border with my passport, confident that my legal name was unknown.

'All aboard!' The conductor blew his whistle. The train began to move.

I jumped into my compartment, took my luggage, and left the station. It seemed advisable to cross the Czechoslovakian border unofficially. (Leo Lania, *Today We Are Brothers* . . ., Victor Gollancz, London 1942, p. 267.)

Lania spent most of the rest of the 1930s in France, apart from 1934–6 when he lived in Britain. In 1940 he succeeded in fleeing from occupied France to the USA, where he settled in the same year. For more information about his eventful life, see his two autobiographical works, both published under his pseudonym: *The Darkest Hour: Adventures and Escapes*, Victor Gollancz, London, 1942; and *Today We Are Brothers: The Biography of a Generation*, Victor Gollancz, London, 1942. (The former is concerned with his experiences in France in 1939–40, the latter is largely concerned with his life up to 1933.)

Die Schillingstraße ist eine stille Vorstadtgasse, etwa zehn Minuten von der Pinakothek entfernt. Als ich in die Gasse einbiege, fällt mir ein mächtiges Tourenauto auf, wie es im Feld nur die Offiziere vom Stab zur Verfügung hatten. In den Geschäften prangen Photographien Hitlers in Lebensgröße, Bilder von den Paraden der Hakenkreuzler und völkische Druckschriften. Ich bin zur Stelle. Im Hause Nummer 39 befindet sich im ersten Stockwerk die Schriftleitung des "Völkischen Beobachters", daneben das "Oberkommando". Im Hof sind in einer Garage noch mehrere große Benzwagen eingestellt, die alle im Dienste des Hitlerschen Stabes stehen.

Im Vorzimmer halten etwa ein Dutzend junger Burschen in der alten österreichischen Uniform Wacht.

Auf meine Frage, ob ich einen Herrn der Schriftleitung sprechen könne, werde ich in ein anderes Zimmer gewiesen, wo die Abfertigung der Kuriere erfolgt und die Telephonzentrale untergebracht ist. Ein Plakat der kommunistischen Partei "Bildet proletarische Hundertschaften!" ziert den kahlen Raum und soll wohl besonders aufreizend wirken. Eine große Wandkarte Deutschlands zeigt die Verteilung der hakenkreuzlerischen Verbände und ihre Aufmarschbewegung. Die Pfeile weisen nach Norden gegen Sachsen und Thüringen. Um Nürnberg sind besonders viele Kampfgruppen eingezeichnet; wie ich später aus Gesprächen der einzelnen Unterführer heraushörte, sollte dieser Raum das Hauptaufmarschgebiet im Falle des Putsches sein, damit die dortige Arbeiterschaft von vornherein "unter Druck genommen" werden und die Hitlerschen Truppen nach dem Losschlagen nicht erst gezwungen sein sollten, "in Bayern selbst einen Riegel durchbrechen zu müssen."

Obwohl man mich weiter nicht beachtet, fühle ich mich inmitten all dieser meist bewaffneten Jünglinge ziemlich unbehaglich. Da öffnet sich die Tür und ein älterer Mann, gleichfalls in österreichischer Uniform, bittet mich, einzutreten. Es ist Herr Stolzing, ein Redakteur des "Völkischen Beobachters", dessen Name nicht darüber täuschen kann, daß er eigentlich Cerny heißt und in der Tschechoslowakei beheimatet ist. Jetzt ist er ein begeisterter Verehrer Hitlers und weiht mich, nachdem ich mich mit einer fingierten Legitimation als Parteigänger Mussolinis und Korrespondent eines faschistischen Blattes ausgewiesen habe, sehr entgegenkommend in Hitlers fernere Pläne ein.

[. . .]

Zwecks einer persönlichen Vorsprache bei Hitler wurde ich dann auf den folgenden Tag bestellt.

Am nächsten Morgen große Aufregung. In der vorangegangenen Nacht war in der Schriftleitung des "Beobachters" ein Einbruch verübt worden. Auf meine besorgte Frage, ob doch hoffentlich nichts Wichtiges oder größere Geldsummen entwendet worden seien, beruhigt mich Herr Stolzing:

"Nein, nur mehrere Pistolen und eine größere Anzahl anderer Waffen."

(Das offiziöse Wolffsche Telegraphen-Büro allerdings verbreitete später die Meldung, es sei Geld gestohlen worden und verschwieg die Tatsache des Waffendiebstahls, den die Völkischen wohl mit Absicht nicht angemeldet hatten).

Abermaliges Warten. Heute habe ich Muße, mich aufmerksam in diesem "Oberkommando" umzusehen. Ganz ungezwungen werden in meiner Gegenwart Telephongespräche abgewickelt, die sich um Waffenbestellungen und um Aufträge auf Lieferung von Uniformen drehen. Aus einem Gespräch zwischen zwei Führern — die zum Unterschied von den anderen nicht in Uniform auftreten, sondern mit Seidensocken und sehr eleganten Anzügen ausgestattet sind — höre ich, daß von Küstrin die Rede ist. Hitler sollte die entflohenen Putschisten aus Küstrin in Sicherheit bringen. Nun sei das Unglück geschehen, daß einer dieser Rebellen aus Ärger darüber, daß man ihm nicht genügend Geld auf seine Reise mitgeben wollte, allem Anscheine nach einen Einbruch verübt hat, um seiner Kasse durch den Verkauf der erbeuteten Waffen aufzuhelfen.

Draußen ertönen Kommandoworte. Die Wache im Vorzimmer steht stramm, die Tür wird aufgerissen, Herr Hitler erscheint; in Regenmantel und uniformartig zugeschnittenem Sportanzug. Er bemüht sich, sein glattes Gesicht in energische Falten zu legen. Herr Stolzing teilt ihm den Zweck meines Besuches mit, doch er entschuldigt sich, mich heute nicht sprechen zu können, da er sofort wieder mit dem Auto verreisen müsse. In zwei Tagen wolle er mich gerne empfangen oder — ich möchte ihm meine Fragen schriftlich vorlegen. Im übrigen hätte mich ja Herr Stolzing gewiß ausführlich unterrichtet.

Hitler spricht abgehackt, einstudiert militärisch.

"Na, in ein paar Wochen werden wir schon Ordnung machen."

Source: Leo Lania, *Der Hitler-Ludendorff-Prozess*, Verlag Die Schmiede, Berlin n.d. [1925], (= *Aussenseiter der Gesellschaft – Die Verbrechen der Gegenwart*, Bd. 9), pp. 13–20 (abridged as indicated).

Notes

die Pinakothek: this is a well-known art gallery in Munich.

prangen = (in this context) to be emblazoned (on).

die Hakenkreuzler: here the term refers specifically to the Nazis, though it was also used of various other extreme right-wing groups.

völkisch = extreme nationalist, racialist. (*NB* The German term is often left untranslated in English.)

die Druckschrift = (in this context) pamphlet.

zur Stelle sein = (in this context) to be in or at the right place.

die Schriftleitung = (1) editorial offices; (2) editorial board.

der "Völkische Beobachter": this was the official daily newspaper of the Nazi party.

das "Oberkommando" = headquarters.

der Benzwagen = Daimler-Benz or Mercedes-Benz car.

in der alten österreichischen Uniform: why these characters were wearing Imperial Austrian uniforms is a mystery, though it may have had something to do with the close links between the extreme Right in Bavaria, Austria and parts of the Sudetenland.

wo die Abfertigung der Kuriere erfolgt = where the couriers are dispatched.

die Hundertschaft = company (in the military sense), squad.

aufreizend = provocative.

hakenkreuzlerisch: see note above on *die Hakenkreuzler*.

die Aufmarschbewegung = initial lines of advance.

Sachsen und Thüringen: at the time the governments of both Saxony and Thuringia included some communists. The extreme Right saw these states as a serious obstacle to an effective military link-up between extreme right-wing forces to the south and north. The city of Nuremberg was also seen as an obstacle. (See next note.)

Nürnberg: this was the city where the Nazi party later held its annual rallies — the *Stadt der Parteitage*, as the Nazis called it. Yet for much of the Weimar period Nuremberg city council had left-wing majorities, for it was a major industrial centre.

die Kampfgruppe = fighting unit.

der Unterführer: this term was widely used in Nazi military and paramilitary organisations for NCOs. It later became the standard term in the SS.

das Hauptaufmarschgebiet = main assembly area.

jemanden einweihen in + acc. = (in this context) to confide something to someone, to inform someone about something confidentially.

mit einer fingierten Legitimation = (in this context) with a forged journalist's pass (see introductory section).

jemanden bestellen auf + acc. = to summon someone for (a time) or to (a place).

entwenden = (in this context) to steal.

offiziös = quasi-official (not 'officious'!).

das Telegraphen-Büro = news agency (now archaic).

die Völkischen (pl.) = (in this context) the Nazis.

die Führer (pl.) = (in this context) officers (see note above on *Unterführer*).

Küstrin: see introductory section.

das Gesicht in Falten legen = to furrow one's brow.

abgehackt = staccato.

einstudiert = studiously, consciously.

9. Menschenrecht*

For many liberal and socialist intellectuals in Germany the 1918 Revolution seemed the first step towards securing a just and humane world. This statement (and restatement) of human rights by Armin T. Wegner is remarkable for its simplicity and for its daring on sexual rights. (For information about the author, see Text 27.)

Das Recht des Menschen ist mit ihm geboren worden. Dies ist das heiligste Gesetz der Erde. Wo Lebendige atmen, sterben oder gelitten haben, da erheben sie die uralte Forderung ihres Geschlechts:

Das Recht auf Freiheit.

Das Recht auf Luft, Feuer, Wasser und Erde.

Das Recht auf den eigenen Leib.

Das Recht auf den eigenen Gedanken.

Das Recht auf Liebe: sich den Genossen und die Genossin zu wählen, allein nach den Geboten der Freundschaft.

Das Recht auf Schlaf.

Das Recht auf den eigenen Tod.

Mir gehören die verbotenen Wege im Wald nicht weniger als die steinernen Paläste, an denen ich voll Verachtung vorüberschreite, ohne sie zu betreten. Leib und Seele: ihr kostbaren Güter, die mir die Erde geschenkt hat, euch zu verwalten! Nie werde ich es dulden, daß ihr euch für das Werk der Habgier erhebt, noch das Kleid des Soldaten für die Geschäfte des Mordens anlegt. Ist dieser Leib, dessen Schmerzen ich trug, nicht der meine? Gehört dieses Kind in meinem Leibe nicht mir? Wenn es mich gelüstete, den Keim zurückzustoßen in Finsternis, wer wollte mich hindern? Wagt jemand zu bestimmen über den Samen in meinem Hoden?

O Gefängnis Eurer Ehe, folgsame Amme des Staates, der nach Bürgern und Soldaten hungert. Wir rufen das freie Recht aller Lebendigen, das Recht auf Freude! Wir predigen die Liebe von Weib zu Weib und die Liebe von Mann zu Mann nicht weniger als die vom Manne zum Weibe geht.

Dies ist das Eigentum des Menschen. Es gehört dir, mir, uns allen. Durch niemanden darf dieses Recht beschnitten werden, durch niemanden kann es beschnitten werden, es sei denn durch das Recht des Nächsten!

Source: Armin T. Wegner, 'Menschenrecht' in idem, *Der Ankläger. Aufrufe zur Revolution*, Verlag "Der Syndikalist", Fritz Kater, Berlin n.d. [1921], p. 8. Reprinted by kind permission of Irene Kowaliska–Wegner, Sybil Stevens and Michael Wegner.

Notes

das Geschlecht = (in this context) species.
die Habgier = greed.
Gehört dieses Kind in meinem Leibe . . . *in meinem Hoden*: here the author writes first as if he were a woman, then as a man.
es gelüstet mich (*etwas zu tun*) = I desire (to do something).
Wir rufen = (in this context) we proclaim.

10. Zukunftsvision***

In this text, set in a train travelling from Germany to Paris, the narrator rejects the images, clichés and 'sacred cows' of German nationalism, and at the same time gives expression to a vision of a future union between France and Germany — even of a united Europe. Such concepts were by no means unknown among cosmopolitan pacifist intellectuals on the Left in Germany in the 1920s. The author, Fritz von Unruh (1885–1970), is chiefly known for his Expressionist writings. His literary works (from 1911 onwards) display strong anti-war sentiments. In 1932 he emigrated to Italy and subsequently to France, where he was interned, but in 1940 he succeeded in fleeing to the USA. The text is taken from one of his less well-known novels.

Der Zug fährt über die Mainbrücke. Unter ihr fließen die gelben Wasser — im breiten Strom das getürmte Spiegelbild der freien Reichsstadt seit Jahrhunderten schaukelnd. Frankfurt oder die Franken-Furt! Franken-Reich — Frankreich!

Ueber der kleinen Insel im Fluß, über den in ihrem Laub so spielerischen Pappeln und silbergrünen Weiden des windbewegten Eilands, auf dem Goethe gern geweilt, fern, hoch — hallt Donner!

Es durchschlägt mich, als hörte ich wieder den anderen Donner, der vier Jahre lang zwischen Deutschland und Frankreich gehaust hat wie ein Todeszyklop! Jetzt läutet die Glocke des alten Doms und sucht ihre Schwester, das Glöcklein, das Karl der Große einst in seine Kapelle am Mainkai hängte. Seltsam, feierlich umdröhnt der erzene Gesang den kohlenschmutzigen, lärmenden Zug! — Karl der Große — Franken-Furt!

An Schopenhauers Haus glänzt weiß im gewittrigen Wolkenhintergrund plötzlich ein Fenster auf wie das "tamen" gegen die Zeit! Flammend steht es über den buntgemalten, schiefen Giebeln der Altstadt. Nun biegt die Lokomotive in mächtiger Kurve nach Süden ab. Weit lehne ich mich aus dem Waggon hinaus! Auf Dich sehe ich zurück: Du Stadt! Frankenfurt — Menschenfurt! Wann wirst Du zwischen Westen und Osten die Brücke? wann — die Hauptstadt eines neuen Reichs?

Bei mir sitzt Victor, mein Reisegefährte. Er liest versunken in dem Manuskript eines jungen Offiziers. Die Hügel der alten Römer-Bergstraße fliegen blütenüberschüttet vorüber. "Warum", denn ich bemerke, wie mein Gegenüber blaß wird, "fährst Du Dir so erregt mit der Hand durch die Haare?" Er starrt mich an und läßt die Blätter auf seine Knie sinken, "warum? Kennst Du die Schrift?" "Ja." "Bei Loretto und Mülhausen hat er gekämpft! Seine Feder ist in das Blut tiefer Wunden getaucht." "Es ist", antworte ich, "die wehe, todtraurige Anklage gegen die verflossenen vier Jahre!"

Ein Ruck. Der Zug hält: "Heidelberg!" — Vor dem Waggon auf dem Bahnsteig schlendern Studenten auf und ab. Ihre Gesichter sind zerhackt und zersäbelt, "als Zeichen deutscher Männlichkeit und Ehre", knirscht Victor. "Wir haben", entgegne ich, "im Trommelfeuer den Säbel, dieses menschenunwürdige Schlachtmesser an unserer Linken, zerbrochen! Wir kamen zurück aus den Gräben des Todes mit der Vision eines neu erkannten Lebens! Der Heimat vertrauten wir sie an, der Mutter, der Frau, der Geliebten, dem Lehrer, dem Erzieher, dem verwaltenden Kopf unseres Staates! Aber wo, außer in uns selber, wuchs sie in eine Form? Da laufen immer noch junge Mädchen mit langen Zöpfen hinter den Studenten her! Stolz über den frechen Witz eines Burschen kichernd, verabreden sie mauertief unter dem Holunder des nächtlichen Schlosses ein Stelldichein! Und dann werden sie ihre Liebe hinwerfen dem ewigen Manne. Ihm, der sie jetzt, wo sie darbringen das Heiligtum ihres Lebens, nicht beachtete — werden sie sich erst wieder gegenüberwagen: als Frauenrechtlerin, als Delegierte irgen-

deiner Fahne. Und wenn das männliche Ego sie zwischen den
Kerzen der Transzendenz, des Vaterlandes oder einer sachlichen
Kameradschaft wieder gelten läßt — dann vergessen sie allzu rasch
ihren Liebestod und marschieren männlich, in gleichem Schritt und
Tritt mit auf jener Straße, die ins Verderben führt, weil sie das Herz
erstarren macht." — Der Zug fährt weiter. "Warum", frage ich
wieder meinen Freund, "hältst Du das Manuskript so ängstlich
fest?" Er antwortet nicht.

Die Rheinebene öffnet sich. Einzelne Pappeln stehen wie verlassene napoleonische Grenadiere im Mittag. Duftende Wiesen fallen
der Sense. Hoch bepackt ziehen Ochsen den allzu kurzen Traum
der Natur in die Scheunen des Bauern. Immer noch schweigt mein
Freund.

Deutschland! Wohl weiß ich, daß es nicht so ist, warum aber
drängt es sich mir trotzdem ins Gefühl, als wäre: "deutsch" und
"deus" ein gleiches? Deutschland — Gottesland! "Teutsch" — das
war die Grimasse in Heidelberg! "Göttlich", das fühlten wir vor vier
Jahren dort hinter den Vogesen.

Wuchsen sich zwei Generationen feindlich gegenüber? Die
Siebzehnjährige, unwissend, ohne Erlebnis von Tod und Sein, in
der albernen bunten Mütze? Wie chinesische Soldateska, Fahnen
und Fähnchen schwingend, mit dem Hakenkreuz in der Spitze? So
marschiert sie vorbei in Halle und Leipzig — an den Schlächtern
unseres Volkes!

Source: Fritz von Unruh, *Flügel der Nike*, in Fritz von Unruh, Bd. 7, *Sämtliche
Werke*. Endgültige Ausgabe, hrsg. im Einvernehmen mit dem
Autor . . . von Hanns Martin Elster, Haude & Spenersche Verlagsbuchhandlung, Berlin 1970, pp. 11–13 (*Flügel der Nike* was first
published in 1925). Reprinted by kind permission of the publishers.

Notes

die freie Reichsstadt = free city (of the Holy Roman Empire). The free cities
were exempt from the jurisdiction of local princes and subject directly to
the Emperor and the Imperial Diet. Most lost their status in 1803 (if they
had not already done so), but Bremen, Frankfurt, Hamburg and Lübeck
regained their independence in 1815. Frankfurt, however, was annexed
by Prussia in 1866.

Franken-Furt, Franken-Reich = (lit.) the ford of the Franks and the state, realm
or empire of the Franks. The Franks were only one of many Germanic

tribes that invaded Western Europe and settled there in the fifth and sixth centuries, but unlike most of the others, their name is still widely preserved in the names of places, regions, and so on, notably *France*, *Frankfurt* and *Franken* (= Franconia, the area round Nuremberg).

das Eiland = (archaic literary) isle.

hallt Donner: an allusion to the anti-French, nationalist song 'Die Wacht am Rhein' (= 'The Watch on the Rhine') which begins with the words *Es braust ein Ruf wie Donnerhall*. (In the nineteenth century this was translated into English as 'A mighteous roar goes up like thunder'!) The words were written by Max Schneckenburger (1819–49) and first published in 1840. They were set to music in 1854 but the song did not become popular till 1870. It remained a favourite among German nationalists until well into the 1920s.

durchschlagen (insep.) = to blow a hole in (+ obj.).

der Todeszyklop = (lit.) cyclops of death. 'Monster of death' is, perhaps, an equally good translation.

Karl der Große = Charlemagne (Frankish king 768–800, emperor 800–14. His empire ultimately included much of continental Western Europe, Northern Italy and most of Central Europe west of the Elbe. It disintegrated rapidly after his death. He has long been something of an idol among those favouring European unity.

Schopenhauer: the philosopher Arthur Schopenhauer (1788–1860) was a reactionary who applauded the suppression of the 1848 Revolution and of the Frankfurt Parliament of 1848–9. (He lived in Frankfurt at the time.)

das "tamen": a Latin adverb, used here idiosyncratically as a noun. In Latin it means 'however', 'nevertheless', 'in spite of all'. In this context it should be interpreted in the sense of 'counter-current'. The word is not in general use in German even as an obscure *Fremdwort*.

Frankenfurt — Menschenfurt: see the note above on *Franken-Furt* and also the introductory section.

die Hauptstadt eines neuen Reichs: the Holy Roman Emperors had been crowned at Frankfurt, and the city was sometimes regarded as in some sense the capital of the Holy Roman Empire. However, the Empire never had a capital in any conventional sense.

Seine Feder ist in das Blut tiefer Wunden getaucht: this is an example of *bildhafte Sprache* (lit. 'imagistic' language) or pseudo-poetic diction. This kind of style was widely encouraged in German schools in the late nineteenth century and the first half of this century. It was habitually used in public by German nationalists throughout this period. Though sometimes superficially vivid or colourful, *bildhafte Sprache* often serves to disguise confusion and irrationality on the part of the speaker or writer. In other cases it is no more than an affected mannerism, for example: 'Heinrich Spiero hat am 8. März 1947 seine Augen für immer geschlossen. Der Tod hat ihm die Feder aus der Hand genommen.' ('Vorbemerkung des Verlages' in Heinrich Spiero, *Geschichte des deutschen Romans*, Walter de Gruyter & Co., Berlin 1950, p. vi) — in other words the book was published posthumously.

weh (adj.) = aching, sore.

zerhackt, zersäbelt = (lit.) chopped up, cut to pieces with swords, i.e. the students' faces were hideously disfigured by the scars of sword wounds sustained in duelling.

das Trommelfeuer: many dictionaries give 'drumfire'. In the context of the First World War the word refers to prolonged artillery bombardment that often preceded attacks by the infantry.

dieses menschenunwürdige Schlachtmesser an unserer Linken: here the author alludes to the peom 'Schwertlied' by (Karl) Theodor Körner (1791–1813). Although he wrote some dramas, they were soon forgotten and he became known chiefly for his patriotic lyric poetry. His work is largely derivative and trashy, but the naive, bloodthirsty patriotism of his war poems, which appeared in a collection entitled *Leyer und Schwert* in 1814, and the fact that he fell fighting the French in the 'Wars of Liberation' (1813–14) assured him a place among the German nationalists' heroes. In 'Schwertlied', written a few hours before he fell, Körner apostrophizes his sword — 'Du Schwert an meiner Linken' — as if it were his bride. This 'bride' is eager to come out of the sheath in search of action — on the battle-field! Many of Körner's images and phrases later became part of the stock-in-trade of German nationalist rhetoric. Despite the limitations of his work, Körner was not entirely unknown in Britain in the nineteenth century. Felicia Hemans (1793–1835) commemorated him in her poem 'For the Death-Day of Theodor Körner' which begins with the lines: 'A song for the death-day of the brave, /A song of pride! / The youth went down to a hero's grave/With the sword, his bride'.

mauertief = at the very foot of the wall.

der Holunder = elder (tree).

Ihm, der sie jetzt, wo die darbringen das Heiligtum ihres Lebens, nicht beachtete — werden sie sich erst wieder gegenüberwagen: readers may find it convenient to read this initially as *Ihm, der sie jetzt . . . nicht beachtete, werden sie sich erst wieder gegenüberwagen*, and to fit in *wo sie darbringen das Heiligtum ihres Lebens* subsequently. See also the next four glosses.

das Heiligtum ihres Lebens = (in this context) what is most precious in their lives.

sich gegenüberwagen + dat. = dare to confront someone or something.

die Frauenrechtlerin = feminist (in the somewhat restricted sense of those times — a woman campaigning for equal rights rather than actual equality. The term is *not* used of feminists of the post-1967 period).

als Delegierte irgendeiner Fahne = as representative(s) of some cause or other.

sie . . . wieder gelten läßt = allows them to count for something.

die Transzendenz = (in this context) other-wordliness.

in gleichem Schritt und Tritt: an allusion to the poem by Ludwig Uhland (1787–1862) 'Der gute Kamerad', also known by its first line 'Ich hatt' einen Kameraden'. First published in 1812, it later became popular as a song.

Einzelne Pappeln stehen wie verlassene napoleonische Grenadiere: an allusion to the poem 'Die Grenadiere' by Heinrich Heine (1797–1856). First published in 1822, it was included in his *Buch der Lieder* (1827) in the section 'Junge Leiden. Romanzen.' The poem describes, sympathetically, the reaction of two French grenadiers to the news of Napoleon's defeat and captivity.

deus = (Latin) god.

Teutsch: until about the middle of the eighteenth century the spellings *deutsch* and *teutsch* (also *Deutschland* and *Teutschland*) were used more or less interchangeably. The Romantics revived the spelling *teutsch*, which in the nineteenth century became identified with German nationalism.

die Soldateska = soldiery.

das Hakenkreuz = swastika. Here it is not associated specifically with the Nazis, who were virtually unknown outside Bavaria when the text was written. The swastika had been used as an emblem by some of the *Freikorps* (mercenaries) involved in the Kapp-Putsch (see Text 5). From then on the swastika was associated in the public mind with extreme, anti-Semitic nationalism.

in der Spitze = (in this context) in her lace.

vorbei . . . an den Schlächtern unseres Volkes! = past the butchers of our people. This is also an allusion to the *Völkerschlacht* (= Battle of the Nations) at Leipzig (16–19 October 1813). This battle is generally regarded as the most important single Allied victory over. Napoleon in the Wars of Liberation of 1813–14. Both the Wars of Liberation and the Battle of the Nations were much idealized by German nationalists, and the centenary of the battle was celebrated amid much pomp in 1913.

Halle: in October 1924 the extreme Right organized a major demonstration in Halle.

11. Stresemann**

Some historians and most newspapers like to describe some politicians as 'statesmen'. The notion is vague and arbitrary. For those who use the term there are, by common consent, only two German politicians of the inter-war period who qualify for this description — Walter Rathenau (1867–1922, when he was assassinated by extreme right-wing conspirators) and Gustav Stresemann (1878–1929).

Rathenau's main achievements lay in the First World War, when he played a major part in harnessing German industry to the war effort. In the Weimar period his outstanding achievement was the conclusion of the Treaty of Rapallo with the Soviet Union in April 1922, which formalized and greatly improved relations between the two 'outcast' states of Europe. It is futile to speculate on what he might have achieved had he not been assassinated.

Stresemann was *Reichskanzler* from August to November 1923 and Foreign Minister from November 1923 till his death in October 1929. He played a key role in improving relations between Germany on the one hand and Britain, the USA and above all France on the other. In September 1923 he called off the campaign of resistance against the French and Belgian occupation of the Ruhr, and in the Locarno Treaties (1925) German voluntarily recognised her western frontier as definitive. Stresemann also helped to gain the admission of Germany to the League of Nations (1926) and to secure the premature evacuation of British, French and Belgian troops from their zones of occupation in the Rhineland. He also played an important part in placing Germany's reparation payments on a (more or less) sound footing (Dawes Plan, 1924) and in subsequently achieving what seemed to be a favourable long-term settlement of the reparations issue (Young Plan, 1929).[1]

Although many traditional nationalists at home accused Stresemann of craven submission to the Western democracies he, too, was determined to revise the Treaty of Versailles in Germany's favour. However, he acknowledged the need for patience and the need to pursue this aim by diplomatic means, not force.

As this article-cum-obituary published the day after Stresemann's death points out, it would be wrong to attribute his success solely or even primarily to his personal qualities. To a large extent it was a matter of the right person in the right post at the right time. Without goodwill and a comparable faith in diplomacy on the part of the leading politicians in the Western democracies he would not have been able to achieve much. The years *c.*1924–31 were, after all, the heyday of the League of Nations. Stresemann will always remain closely associated with the Locarno Treaties and the attempt to solve international problems by peaceful means; but perhaps his greatest personal achievement was his own transformation from an ardent Pan-German and an enemy of the Weimar Republic into a cool-headed realist, into one who came to support the Republic on rational grounds, even if he was not able to

1. Details of these treaties and other agreements can readily be found in political histories of the period.

give it his unqualified support. He became the model
Vernunftrepublikaner.

[. . .]

Europa — wir meinen das in Umrissen sich abzeichnende Wunsch-
bild eines vernünftigen, anständigen und menschlichen Zusammen-
lebens der am höchsten kultivierten Nationen der Erde, — dieses
neue Europa hat viel verloren. Man darf und muß das sagen, obwohl
Stresemann kein Europäer der eingeborenen und ursprünglichen
Ueberzeugung gewesen ist, sondern sich in reifem Alter unter dem
Eindruck und dem Druck der zwingenden allerrealsten Notwendigkeit zur Idee der europäischen Verständigung hindurchgear-
beitet hat. Aufgewachsen in der kleinbürgerlichen Umgebung des
Berlins der ersten kaiserlichen Jahrzehnte, auf der Universität von
der burschenschaftlichen Gedankenwelt geprägt, ist er ein gewandter
und von den obersten Parteiinstanzen rasch beförderter Verfechter
der nationalliberalen Politik geworden, in der der Nationalismus
längst den Liberalismus der besseren Zeit aus dem Felde geschlagen
hatte. Er erlebte den Weltkrieg im Banne der herrschenden imper-
ialistischen und militaristischen Ideologie und beteiligte sich ganz
folgerichtig an der Gründung der Vaterlandspartei des Herrn von
Tirpitz. Daß diese seine anfänglichen Ueberzeugungen irgendwann
einen ganz scharfen Bruch erlitten hätten, ist uns nicht bekannt und
nicht wahrscheinlich. [. . .] Allmählich, unter der täglichen Wirkung der Ereignisse jenes fürchterlichen halben Jahrzehnts nach
dem Kriege, ist in ihm die Einsicht stärker geworden, daß es so wie
die nationalistische Forderung es wollte, mit der Wiederherstellung
Deutschlands niemals gehen könne, und sein sehr starker praktischer Verstand, seine Erfahrung und Weltkenntnis konnten gerade
noch im rechten Augenblick in den Dienst des Staates, der aus dem
Zusammenbruch hervorging, gestellt werden.

Man wird Stresemann in der Geschichte in erster Linie wahrscheinlich als den deutschen Staatsmann der großen internationalen
Konferenzen und Verträge weiternennen. Uns scheint, daß seine
stärkste Leistung in der ersten Zeit seiner Reichskanzlerschaft liegt,
als er mit einem wirklich seltenen Mute — denn das Schicksal
Erzbergers und Rathenaus hätte ihm sehr wohl beschieden sein
können — den Ruhrkampf abbrach und nach der schauerlichen
Zerrüttung, die Cuno hinterließ, zuerst wieder so etwas wie eine

Reichsregierung und -verwaltung begründete. Sein Glück war, daß
er nicht früher in das Ministerium gelangte. Es mußte erst mit Elend
und Blut der bösartige Teil des vom Kriege erzeugten Wahnsinns
verrauchen und nicht nur bei uns, sondern auch im Auslande.
Stresemanns Eintritt ins Amt fiel in eine Periode, wo man bei den
Siegern, namentlich in Frankreich, einzusehen begann, daß bloß
mit rohem Treten die Deutschen nicht zu zuverlässigen Nachbarn
zu erziehen seien. Briand übernahm nach früheren Mißerfolgen die
Führung der auswärtigen Geschäfte mit stärkerer Autorität und
fand in Stresemann, der ihm bei aller Verschiedenheit des Auftretens doch in wichtigen Anlagen ähnlich war, den kongenialen Part-
ner. Naive Enthusiasten der Annäherung sind alle beide nicht
gewesen, vermutlich würden solche beim herrschenden Weltzu-
stande auch nicht viel erreicht haben. Eben die in beiden Männern
vorwaltende nüchterne Tendenz zum realpolitischen Weiterkom-
men von Abmachung zu Abmachung brachte sie näher und
ermöglichte eine Zusammenarbeit, bei der sich die Welt nun doch
viel besser befindet als noch vor fünf Jahren. Es fördert die
Geschäfte der Nationen, wenn ihre Minister nicht nur von Macht zu
Macht, sondern mit einem gewissen persönlichen Wohlgefallen
miteinander wirken, und nichts ist lächerlicher als die deutschnationale Lieblingsvorstellung, daß der deutsche Wortführer als ein
finsterer und rauher Mann in den Konferenzsaal einzutreten und
seine kargen Worte durch gelegentliche Faustschläge auf den Tisch
zu verstärken habe. Herr Briand hat in Genf nach einer Bespre-
chung mit Stresemann einmal gesagt: "J'aime le Docteur!" Es ist
schon richtig, daß der französische Staatsmann dieser Liebe keine
blinden Opfer gebracht hat, aber das wäre ihm, auch wenn er es
gewollt hätte, Frankreich gegenüber niemals möglich gewesen, denn
leicht hatte es keiner von beiden mit der "patriotischen Opposition"
zu Hause. Briand ist selbst ein alter Herr, viel älter als Stresemann
geworden ist, und die Beziehung, die geschaffen war, läßt sich nicht
ohne weiteres übertragen. Eine aufeinander eingespielte diploma-
tische Partie findet nicht gleich den neuen guten Ersatzmann am
Tische. Den Minister des Auswärtigen wird man schon finden, es
dürften sich sogar bereits heute mehrere Herren mit dem Gedanken,
der Geeignete zu sein, vertraut machen. Allein ein guter Partei-
mann, eine tüchtige Arbeitskraft, ein guter Redner, das alles ist in
diesem Falle nicht genug, denn man braucht nach Stresemann und
bei Deutschlands Lage jemand, der in Europa etwas vorstellen und
auch auf Ausländer, nicht bloß in Berlin oder in Leipzig oder

Karlsruhe durch seine Persönlichkeit wirken kann. An dem neuen, hoffentlich werdenden Europa ist die Idee das allerleichteste, aber alles kommt auf die Wege, die Fähigkeit und Geduld des Verhandelns, schließlich auf den Erfolg an. Stresemann hat Erfolg gehabt. Es wird wahrscheinlich noch auf lange hinaus für Deutschland wie für die übrigen Nationen Geltung haben, daß ein Politiker, der mehr und mehr in die Arbeit an der Verständigung der Völker hineinwächst, an Brauchbarkeit für das heimatliche und beliebte Parteigeschäft einbüßt. Es verträgt sich eben auf die Dauer nicht in demselben Kopfe, daß er Tag für Tag mit den Sorgen um die Erhaltung des Friedens, die das wichtigste aller nationalen und aller sozialen Interessen ist, aufsteht und zu Bette geht, und daß er mit gleichem Eifer darüber nachdenken soll, wie die Abstimmungsaussichten seiner eigenen Partei im Wahlkreise Chemnitz-Zwickau zu verbessern sind. Nun kann man gewiß nicht sagen, daß Stresemann in seiner persönlichen Stellung von der deutschen Parteimisere überbürdet gewesen sei, im Gegenteil. Es wurden ihm von seiner und auch von den anderen Parteien die größten Konzessionen gemacht. In den letzten Jahren galt er, in einem Maße, das seit Bismarck wohl kein anderer deutscher Staatsmann erreicht hat, als nationaler Besitz und war unentbehrlicher Aktivposten jeder denkbaren Reichsregierung. Nur trat eben, je mehr seine Wirksamkeit im politischen Getriebe als die der einzelnen Persönlichkeit aufgefaßt wurde, sein Einfluß bei der eigenen politischen Gruppe sichtlich zurück. Stresemann hatte in der auswärtigen Politik den Weg vom deutschen Nationalismus zur europäischen Einigung zurückgelegt und in der inneren den vom alten zum neuen Staate. Er hat sich nicht klar und eindeutig für die Republik bekannt, aber seine Intelligenz war viel zu groß, um ihm die unbegrenzte Fortsetzung der Illusion zu erlauben, daß auf deutschem Boden noch einmal so etwas wie ein Bismarcksches Staatswesen möglich sein könne. Er machte noch den unglücklichen Flaggenerlaß, wegen dessen der Reichsanzler Luther gestürzt wurde, hat aber später ähnliche Fehler nicht wiederholt, er wurde, wie wir annehmen möchten, schließlich zum Verstandesrepublikaner. Aber in der Entwicklung, die er durchgemacht hat, hielt seine Partei nicht mit ihm Schritt, und die letzte Zeit hat bei ihr eher eine wachsende Stärke des rechten Flügels gezeigt. Eine sehr bedenkliche Wahrnehmung. Solange Stresemann lebte, ist die Deutsche Volkspartei, wenn auch mit wachsender Not und Mühe, bei der Stange der Weimarer Verfassung gehalten worden. Heute weiß mann nicht, ob das nach seinem Tode lange möglich sein wird, oder ob sich die Große Koalition schließlich doch als ein mehr ad hoc, nämlich als Sockel für die politische Existenz von Stresemann selbst konstruiertes unfestes Bauwerk erweisen wird.

Darum ist sein Tod für unsere innere Politik von großer Bedeutung, er kann weitreichende Folgen haben. [. . .]

Zu Stresemanns großem Erfolge haben sein Glück und sein Verdienst, deren Verkettung schwer zu übersehen ist, beigetragen. Er konnte durchführen, was vor ihm andere planten, die dafür geschmäht und ermordet worden sind, er lebte immerhin so lange, daß er mit der Gewißheit baldiger Befreiung unseres Bodens von den fremden Truppen sterben durfte. Deutschland ist in seiner Regierungszeit wieder zu einer achtbaren Stellung emporgestiegen, und das Ansehen, das er selbst in der Welt genoß, kam seinem Volke zugute. Auch das ist wahrscheinlich, daß unter allen deutschen Politikern, die den großen Einsturz mitangesehen haben, keiner so wie gerade er geeignet gewesen wäre, die zu leistende Aufgabe mit ihrer besonderen Umgrenzung zu lösen. Eine merkwürdige Mischung von deutschem akademischem Idealismus und kleinbürgerlichem prosaischem Berlinertum machte ihn fähig, sehr verschiedenen Anforderungen die Stirn zu bieten und annehmbare Formeln dafür zu finden. Genau seinen Platz auszufüllen wird schwerlich jemand anders vermögen. Aber auch die Aufgaben verändern sich. Die Stresemannsche Periode unumgänglicher, lebensnotwendiger Kompromisse mag von einer neuen abgelöst werden, die Neues verlangt.

Source: *Frankfurter Zeitung* (Erstes Morgenblatt), 4 October 1929.

Notes

sich abzeichnen = (in this context) to emerge.

die burschenschaftliche Gedankenwelt = the ideas of the 'Burschenschaften'. By the time Stresemann was a student there was little difference between the *Burschenschaften* and the *Studentenkorps*, except that the former were socially less exclusive. For more detail, see the note on *Corpswesen*, Text 16.

ein . . . rasch beförderter Verfechter der nationalliberalen Politik: as the text indicates, already in Wilhelmine times the 'national liberals' were first and foremost nationalists, often with no more than a few traces of liberalism. This tendency intensified during and after the First World War. Late in 1918 the *Nationalliberale* constituted themselves as the *Deutsche Volkspartei*

(*DVP*), and Stresemann was made chairman at an early stage. For much of the Weimar period the party was widely — and quite accurately — perceived as the political organ of big business and its votes came mainly from the *Großbürgertum* and sections of the intelligentsia. Unlike the *Deutschnationale Volkspartei* (DNVP) it was not anti-Semitic and it had no rural following. However, in the years 1918–20 it was opposed to the Weimar Republic and to parliamentary democracy but subsequently shifted towards the political centre. Its loyalty to the Republic remained suspect for most of the Weimar period.

im Banne = under the spell (of).

die Vaterlandspartei: this Pan-German outfit was founded in 1917 by Tirpitz and Kapp (of Kapp-Putsch notoriety).

Cuno: Wilhelm Cuno (1876–1933) was *Reichskanzler* from November 1922 till August 1923. His period of office in noteworthy for the Franco-Belgian occupation of the Ruhr, the campaign of passive resistance to it and the later stages of the great inflation. When he left office Germany seemed to be heading rapidly for open civil war.

mit rohem Treten = with brutal kicking.

Briand: Aristide Briand (1862–1932) was active in French politics from the late 1890s onwards and first obtained ministerial office in the first decade of this century. In the period 1924–9 he was prime minister or foreign minister for much of the time.

die Partie = match.

der Aktivposten = asset.

(der) Weg zur europäischen Einigung: this imaginative leap from settling international difficulties peacefully to European unification is somewhat fanciful.

sich für etwas bekennen = (in this context) to declare one's support for something.

der Flaggenerlaß: The flag of Imperial Germany had been black–white–red. The Weimar Republic adopted the colours associated with the liberal Revolution of 1848, black–red–gold, for the German national flag. The nationalists refused to accept the new flag. At an early stage a concession was made to the conservatives, in that the German merchant navy was ordered to use the old flag. In 1926 Stresemann authorized a presidential decree ordering all German embassies and consulates to fly both flags. As stated in the text, the government fell in the furore that ensued.

Luther: Hans Luther (1879–1962), a close associate of Stresemann, was *Reichskanzler* from January 1925 till May 1926.

die Große Koalition: this government, headed by Hermann Müller (1876–1931), was formed in June 1928 following the substantial increase in the left-wing vote in the general election held the previous month. The parties in the coalition were as follows: SPD, *Zentrum* (Roman Catholic Party), DDP (liberals), DVP and the *Bayerische Volkspartei*.

der Sockel (pl. *Sockel*) = (in this context) base (not pedestal!).

der große Einsturz: this refers to the Revolution of 1918.

die Stirn bieten + dat. = to stand up to someone or something.

12. Das lineare Berlin**

Already in the period *c.*1900–14 Berlin had acquired a
considerable reputation as an international centre for the
arts, and this reputation grew stronger under the Weimar Republic. This text, written in the later 1920s,
attempts to set the status of Berlin as an artistic centre in
the context of the local market and the factors moulding
the latter. In the course of his description the author
forcefully expresses his feeling that something was radi-
cally amiss with the development and functioning of
Berlin as a metropolis. He implicitly shares the view of
many progressive town-planners in the late 1920s that
the attempts made by the Prussian government since the
1860s to turn Berlin into a grandiose *Reichshauptstadt* had
failed. (Contrast with Vienna!) Nevertheless, much of
what the author writes is subjective and idiosyncratic.

Hermann Kesser (1880–1952) was a radical left-wing
writer who achieved a considerable reputation in the
Weimar period. In 1933 he emigrated to Switzerland,
spent the years 1939–45 in the USA and in 1945 returned
to Switzerland, where he remained until his death.

Berlin, schwarz gesehen, ist eine gierige Agentur von Geldverdie-
nern. Berlin, weiß gesehen, ist die empfänglichste und arbeitswilligste
Drehscheibe für politische, geistige und künstlerische Energien. Die
merkantile Nouveauté-Tendenz in Kunst und Literatur erklärt sich
durch die unsympathischen Züge der Agentur; sie stammt vom
Markt und vom Manager. Die wahren Gründe für die echte
Empfänglichkeit liegen im Wesen von Berlin.

Ich versuche, mir den Sachverhalt zurechtzulegen und beginne
mit der Behauptung, daß von dem, was in der übrigen Welt *Leben*
genannt wird, in Berlin nicht viel zu spüren ist. Aus zweiter und
dritter Hand wird hier das Gefühl vermittelt, daß geboren, geliebt,
gestorben und begraben wird. Solche Ereignisse sind nur im Druck,
in Formularen, in Rechtsfolgen vorhanden. Es wird *abstrakt* geboren,
geliebt, gestorben und begraben. Man sieht es nicht. Alles ist
verdeckt. "Weitergehen!" sagt der Schupomann bei jeder Art von
Expektoration. Expektorationen werden aufgelöst. Gefühlsversamm-
lungen werden als störend empfunden. Szenen und Brusttöne gehören
nicht in die Mathematik. Gefühle gehören nicht in die Öffentlichkeit.

The Brandenburg Gate in the mid-1920s. Not a uniform in sight!

Berlin ist für ungebrochene Linien. Berlin, Quadratwurzel aus preußischer Militärmathematik, dürrer Vergangenheit und durchgedachtem Verkehrsfortschritt, korrigiert vielleicht ebendeshalb chaotische Gefühlsdeutsche. Wird unter Umständen dereinst, wenn von der hohenzollerischen Militärmathematik nur der zivilisatorisch verwendbare Rest zurückgeblieben ist, eine Mission erfüllen. Das Koordinatensystem Berlin plus bisheriges Deutsches Reich ergibt womöglich eines Tages — in bewußter geschichtlicher Willensvollstreckung — die wirkliche deutsche Republik.

Berlin, ein Plan und ein Grundriß, der fast nirgends zu Bildkraft verwirklicht wurde, ist ein Gefüge von Linien, eine Ordnung, eine *verordnete Hauptstadt*, eine Serie, eine errechnete Summe. Punkte mußten sachlich miteinander verbunden werden. Von einem Punkt zum andern wurde eine Gerade gezogen. Der Zwischenraum wurde mit Häusern aufgefüllt. So entstanden Straßen. Ihr einziger Sinn ist Verbindung, Bewegung und Verkehr. Ist nicht wohnen, verweilen und spazierengehen. Selbst die Tierhäuser im Zoo sind mit Erinnerungen an Kasernen behaftet.

Und doch! Aus Verkehrsrad, Kreis, Oval und Quadrat sehnt sich der Mensch nach dem Lebensgefühl. Auch in Berlin. In Berlin sogar heftiger als in Paris, Wien und Rom, wo nicht in Kreisen und Quadraten gelebt wird.

So ist die stärkere Neigung für Theater, Bühne und Schauhandlung im besonderen und der massenhafte Bedarf an Musischem im allgemeinen zu erklären.

Konflikt, Tragödie, Skandal und Liebe, im Verkehrsreglement nicht zugelassen: Auf der Bühne sind sie erlaubt, selbst erwünscht, sogar dringend erforderlich.

Der vorschriftsmäßige Mensch darf in der Öffentlichkeit niemals sein Inneres nach außen kehren, weil er sonst ein *Verkehrshindernis* werden würde. Er hilft sich mit dem Spiegelraum des Theaters. Er fordert von der Bühne Konflikt, Tragödie, Sensation und Liebe; die Emotionen, die in der Öffentlichkeit nur noch Legende sind. Mitten in der überfülltesten, sausendsten Verkehrsöffentlichkeit haben die Berliner — siehe die Bücherleser in der Untergrundbahn! — Legenden bei sich; und in demselben Täschchen liegen Fahrschein und Theaterbillett.

Ausgleichendes Gesetz! Eine Leichenstarre und Gefühlsverödung ohnegleichen würde eintreten ohne das Berliner Theater, ohne die bildende Kunst, ohne Musik.

So wird Berlin zum vorbestimmten Konsumplatz für Musisches und zum kontinentalen Hauptquartier für die Kunstmakler: Das Gefühlsleben des Berliners muß immer wieder von Assistenten der Phantasie gerettet werden. Zufuhr an Phantasie in die Politik; in das fließende Dasein; in das Spiel der Triebe! Die größte Stadt im Bezirk des Dichter- und Denkervolkes, die Berlinstadt, braucht Import an Denkern, Dichtern und Künstlern . . . Frägt sich nur, welcher Dichter und welcher Denker!

Source: Hermann Kesser, 'Das lineare Berlin', in Ernst Glaeser (Hrsg.), *Fazit: Ein Querschnitt durch die deutsche Publizistik*, Gebrüder Enoch Verlag, Hamburg, 1929, pp. 196–9 (abridged as indicated). Reprinted by kind permission of Marlene Kesser.

Notes

die Drehscheibe = (in this context) market, market-place, exchange.
Die merkantile Nouveauté-Tendenz = the market tendency to favour novelty.
der Markt = (in this context) the public.
das Wesen von Berlin = the true nature of Berlin.
der Sachverhalt = the facts (of the matter, case, etc.).

sich (dat.) *etwas zurechtlegen* = to clarify something for oneself, in one's ᴄ
    mind.
in Rechtsfolgen = in legal consequences, processes.
der Schupomann = policeman.
die Expektoration = (in this context) public display of feeling. The literal
    meaning of the word is 'spitting', and it is often used figuratively in the
    sense of 'long-winded outpouring(s)'. Here is it used idiosyncratically.
die Brusttöne = (in this context) (notes of) real conviction.
Wird unter Umständen . . . eine Mission erfüllen: the subject of this main clause is
    Berlin.
dereinst = one day in the future.
in bewußter geschichtlicher Willensvollstreckung = in a conscious act of historic
    fulfilment.
das Koordinatensystem Berlin = the Berlin co-ordinate system (like some other
    expressions in the text, *Koordinatensystem* is borrowed from mathematics).
die Bildkraft = plasticity.
eine verordnete Hauptstadt = a capital by decree (see introductory section).
das Verkehrsrad = whirl of traffic (?). (The word appears to be a neologism.)
die Schauhandlung = spectacle(s), entertainment(s).
das Verkehrsreglement = highway code (archaic).
Ausgleichendes Gesetz! = Yet, there is a law of nature that ensures equilib-
    rium.
das Dichter- und Denkervolk: in the period *c.*1800–1960 some German intellec-
    tuals liked to think that the Germans were a — or even *the*(!) — nation of
    poets and philosophers.
frägt = irregular colloquial form of *fragt.*

13. Politisches Theater*

In the 1920s Berlin witnessed many noteworthy achievements in the arts (despite Hermann Kesser's comments
in the preceding text). One of the most outstanding of
these achievements was in the area of political theatre.
Berlin had of course had the socialist *Volksbühne* ever
since the ban on the Social Democrats (i.e. socialists)
had been lifted in 1890; but in the 1920s political theatre
received a fresh, vigorous impetus from writers such as
Bertolt Brecht (1898–1956), Ernst Toller (1893–1939)
and the highly innovative producer and theatre director
Erwin Piscator (1893–1966).
    This text is a sympathetic review of a political play by
Leo Lania (1896–1961). For information about Lania,

see Text 8. (It is possible that, as with other plays written specifically for production by Piscator, the play may have been partly rewritten by a playwrights' 'collective' before it was actually staged.)

LEO LANIA: KONJUNKTUR

Uraufführung: Piscatorbühne, Lessingtheater

Die Tragödie vom Petroleum; oder: die Komödie vom Petroleum; oder vielmehr: die Tragödie und die Komödie in Einem.

Albanien. Ein Steinfeld. Drei brotlose Strolche finden Spuren von Naphtha. Sofort geht es los mit Mord, Raub, Betrug, Bestechung. Die europäischen Großmächte stecken ihre gierigen Fangarme aus: England, Frankreich, Italien. Aber alles konzentriert sich zuguterletzt auf einen wüsten, skrupellosen Konkurrenzkampf der beiden weltbeherrschenden Naphthakonzerne, der englischen Royal Dutch-Shell-Gruppe und der amerikanischen Standard Oil-Co. of New Jersey, der weltumspannenden "Octopus". Sie machen's mit der "großen Politik". Der Völkerbund wird in Bewegung gesetzt. Revolution und Militärputsch wird inszeniert. Die nationalen Instinkte der Albaner werden in Weißglut gesetzt. Der revolutionäre Sozialismus wird als letzte und entscheidende Karte ausgespielt — von der großkapitalistischen Standard-Oil, die eine Interessengemeinschaft mit Sowjetrußland eingeht und damit den Sieg erringt.

In diesem schmutzigen Petroleumsumpf schießt eine Sumpfpflanze absonderlicher Art auf: Herr Trebitsch-Lincoln, ein galizischer Jude, Adoptivsohn des Erzbischofs von Cambridge, Mitglied des englischen Unterhauses, chinesischer General, Gouverneur über drei Provinzen, Mönch vom Berge Athos — der große Spezialist für Putsche, den auch wir in Berlin als den Pressechef des Kapp-Putsches kennengelernt haben. Er ist der Obergauner. Er macht sich zum Diktator von Albanien. Aber das Chaos schlägt ihm über dem Kopf zusammen. Mit einem gestohlenen englischen Panzerkreuzer flüchtet er.

Also ein Drama, in dem es einmal wirklich und beweisbar um die "weltbewegenden Dinge" von heute geht. Das hat noch niemand gewagt. Leo Lania hat Courage — die wichtigste Eigenschaft des Komödienschreibers. "Kunstkritisch" im hergebrachten Sinn sind solche Dinge nicht zu bewerten — sie holen erst mal das Stoffliche

unserer zurückgebliebenen Komödienbühne nach, das Wichtigste,
das Rohmaterial, in welchem die Form von morgen organisch
enthalten sein soll. Wir ahnen sie hier. Das ist schon viel mehr, als
alle diese fingerfertigen Theatermacher zustande bringen, die unsere Bühnen beherrschen. Natürlich ist es ganz "unfertig". Aber
sind *wir* denn "fertig"?

Source: R, *Die Literarische Welt*, 4. Jg., Nr. 17, 27 April 1928. (The review is
simply signed *R*, and the editor has been unable to establish this
reviewer's identity.)

Notes

die Konjunktur = trade-cycle.
die Uraufführung = first performance.
die Piscatorbühne: see introductory section. The main *Piscator-Bühne* was at
that time located in the *Theater am Nollendorfplatz*, but this particular play
was performed in a second theatre temporarily rented by Piscator.
in Einem = rolled into one.
brotlos = penniless.
der Strolch (pl. *Strolche*) = rogue, vagabond.
das or *die Naphtha* = oil (lit. naphtha).
wüst = wild, chaotic.
das Naphthakonzern (pl. *Naphthakonzerne*) = oil company.
Sie machen's mit der "großen Politik" = they resort to 'international politics'.
der Völkerbund = the League of Nations.
eine Interessengemeinschaft eingehen mit = to make common cause with, do a deal
with.
eine Sumpfpflanze absonderlicher Art = a weird and wonderful creature.
Herr Trebitsch-Lincoln: Ignatius Timothy Tribich (or Trebitsch) Lincoln,
born in Budapest in 1879, was the Liberal MP for Darlington from
January to December 1910. He was arrested in New York for forgery in
1915, extradited to Britain and sentenced to three years' penal servitude.
Stripped of British nationality, he was deported in 1919 and acted as
information officer for Kapp's would-be government for a day or so —
until unmasked as a crook by British journalists in Berlin who refused to
accept information from him. Later he acted as a political adviser to a
Chinese general, but switched allegiance to the Japanese when the latter
invaded China. He died in 1943.
der Obergauner = arch-crook.
etwas schlägt jemandem über dem Kopf zusammen = something comes crashing
down about someone's head, gets the better of someone.
der Panzerkreuzer = cruiser.

beweisbar = demonstrably.
die "weltbewegenden Dinge" von heute = the great political themes of the day.
"Kunstkritisch" im hergebrachten Sinn sind solche Dinge nicht zu bewerten = such things cannot be judged (*or* evaluated) in terms of theatre criticism in the traditional sense . . .
das Stoffliche = (in this context) subject-matter.
ahnen = (in this context) to get a glimpse of.
fingerfertig = accomplished, deft (pejorative).
"unfertig" = (in this context) unpolished.
"fertig" = polished.

14. Mutter-Tochter-Konflikte**

Until the end of the First World War German feminists devoted their efforts largely to campaigning for women's rights. It was not till after 1918, when the political and cultural climate was more liberal, that it became possible to engage in open discussion of a wide range of other relevant issues.

This text is concerned with relationships and, above all, conflicts between mothers and daughters. The subject is treated schematically. *Die Frau von gestern* and *die Frau von heute* are both clearly stereotypes and the latter seems also to be an ideal. It is only in this context that some of the statements in the text make sense (for example, 'Die Frau von heute heiratet in den meisten Fällen tatsächlich nicht').

Conflicts between the generations were of course nothing new in the 1920s. What is unusual in this text is the conviction that a new, ideal type of woman (and man, too) has evolved which will largely overcome such conflicts — once a clean break with the existing older generation has been accomplished.

Tatsächlich wird die Welt von Mutter und Tochter in vielen Fällen nur noch durch eine schmale Brücke äußerer Lebensgemeinschaft verbunden oder durch in der Gefühlswelt liegende Momente, wie Liebe, Dankbarkeit, Familiensinn und ähnliches zusammengehalten. Ein fester, inniger Kontakt ist fast nirgends mehr möglich, ohne

daß deshalb ein Teil von beiden ein Verschulden trifft. Die alte
Generation, die das Ideal einer Frau, den Anschauungen vieler
Hunderte von Jahren entsprechend, in der Hüterin des heimischen
Herdes und der überkommenen Sitte erblickt, kann nicht, beinahe
von einem Tag zum andern, das verleugnen, was ihr Lebensziel und
Inhalt war, und die junge Generation kann ihr nicht folgen, weil der
Verstand sie andere Wege weist und innere Bindungen an die
vergangene Welt bei ihr nicht vorhanden sind.

Die Mutter vermag es, sich vor den Forderungen der Gegenwart
hinter einem Wall zu verschanzen, den sie sich aus den Grundsätzen
und Lebensweisheiten aufbaut, die ihrer Meinung nach Ewigkeitswert haben müssen, und den sie immer höher und fester aufrichtet,
je mehr sie spürt, daß daran gerüttelt wird. So kann sie tatsächlich
als Fremde in einer fremden Welt leben, um so mehr, da es von
ihrem Wall nur Verbindungen zu solchen Menschen gibt, die sich
gleichfalls vor der Welt verbarrikadiert haben.

Die Tochter aber lebt nicht nur hinter den Mauern des Walls. Sie
kommt durch die Schule, durch den Beruf mit jener Außenwelt in
Verbindung, deren Anschauungen denen des häuslichen und sozialen Milieus direkt widersprechen. Weil nun Jugend neugierig,
sogar sensationslüstern ist, hat sie besonderes Interesse für das ihr
vorenthaltene Lebensgebiet. So erklärt es sich, daß in den Familien,
in denen die Töchter besonders weltfremd gehalten werden, der
Konflikt zwischen jung und alt sich am stärksten fühlbar macht.

Mit äußeren, nebensächlichen Dingen setzen die Rügen der
älteren Generation ein. Sie bekrittelt die kurzen Röcke, die seidenen
Strümpfe, das freie Benehmen und setzt die Gewohnheiten ihrer
Zeit hierzu so in Widerspruch, daß die Gegenwart als schlecht und
verderbt erscheint. Das bringt das junge Mädchen auf, das sich
zunächst harmlos an allem freut, was ihr das Leben bietet: auf ein
neues Kleid, ein kameradschaftliches oder sportliches Zusammen-
sein mit einem Mann. Es mag nicht immer hören, daß sein Tun
schlecht ist, und wehrt sich gegen diese Unterstellung, wie sich jeder
anständige Mensch dagegen wehrt, wenn man ihm Schmutz an-
werfen will.

Die erste Entfremdung ist da. Die Tochter lebt ihr Leben für sich.
Sie muß es tun, aus Selbsterhaltungstrieb, da die Befolgung der ihr
eingeimpften Grundsätze und Maximen ihr gegen ihre Nöte keinerlei Schutz bieten könnte, sondern sie im Gegenteil in noch größere
Nöte und Gefahren stürzen würde.

Der Hauptkonfliktstoff zwischen Mutter und Tochter ist aber in ihrer verschiedenen Stellungnahme der Ehe gegenüber gegeben. Die Auffassung von der Ehe als Versorgungsinstitution und Beweis für die Begehrenswürdigkeit einer Frau sind dem Vorstellungsvermögen der Frau von gestern unverrückbar eingeimpft. Daher gehört, ihrer Meinung nach, die Verheiratung der Tochter zu ihren wichtigsten Pflichten. Dabei handelt sie durchaus nicht nach rein verstandesmäßigen Motiven, sondern auf Grund eigener Erfahrungen und Erlebnisse. Denn sie selbst fühlte sich in der Ehe fast niemals unglücklich, selbst dann nicht, wenn sie um der Versorgung willen eine Jugendliebe aufgegeben hatte. Sie nahm die Notwendigkeit zu leiden als ein für jeden Menschen unabänderliches Schicksal hin, weil sie, wie jeder Mensch, der unter starken formalen Bindungen lebt, über eine große Selbstdisziplin verfügt, die jeden Gefühlsüberschwang in Freud und Leid mildert und seine Herrschaft über den Menschen vereitelt.

Abgesehen aber von der Befriedigung, die ihr die Erfüllung auferlegter Pflichten gab, war die Ehe der Frau von gestern im allgemeinen auch deshalb glücklich, weil sie meist eine tiefe, aufrichtige Zuneigung zu ihrem Gatten besaß. Es war der erste Mann, mit dem sie in intime körperliche Berührung kam, und es ist eine schöne, in ihrer Reinheit beinahe rührende Tatsache, daß bei jungen Menschen die erste Liebe und das erste erotische Erlebnis fast immer zusammenfallen.

Die Frau von heute heiratet in den meisten Fällen tatsächlich nicht. Nicht aber deshalb, weil sie kein Geld hat, arbeiten muß, kurz weil sie die Voraussetzungen nicht erfüllt, die früher zur Eingehung der in ihren Kreisen bestmöglichen Partie notwendig waren, sondern weil das Mädchen von heute dem Manne von heute, der allein für sie als Lebenskamerad in Betracht kommt, nicht oder nur in Ausnahmefällen begegnet.

Die heranwachsende weibliche Generation wird in dieser Hinsicht besser gestellt sein, als die Frauen es sind, die vor der großen Umwälzung geboren wurden, weil deren künftige Ehegatten schon von Jugend an den neuen Frauentypus kennen lernen und sich mit ihm vertraut machen. Jene Generation wird daher auch schon bedeutend weniger Konfliktstoff zwischen Mutter und Tochter zu überwinden haben, während die Frau von heute, von wenigen Ausnahmen abgesehen, sich nur in direktem Gegensatz zu ihrer Mutter entwickeln kann, besonders auf dem Lande und in der Provinz. Es ist also kein Zufall, daß so viele Mädchen, die ursprünglich um einer vorübergehend gedachten Berufsausbildung willen das Elternhaus verließen, später dorthin nicht mehr zurückfinden können, und daß die altmodischsten Mütter häufig die selbständigsten und modernsten Töchter haben.

Source: Elsa Herrmann, *So ist die neue Frau*, Avalun-Verlag, Hellerau, n.d. [1929], pp. 158–63.

Notes

das Moment (pl. *die Momente*) = factor. (Note that *das Moment* should not be confused with *der Moment* = moment.)
Ewigkeitswert haben = to be of eternal, unchanging validity.
die Rüge = (in this context) reproach.
die Unterstellung = insinuation.
das Vorstellungsvermögen = powers of imagination or (in this context) consciousness.
unverrückbar eingeimpft + dat. = firmly embedded.
der Gefühlsüberschwang = flood of emotion.
seine Herrschaft über den Menschen: the antecedent of *seine* is *Gefühlsüberschwang*.
die Partie = match.
die Umwälzung = radical change, upheaval. In this context, the term refers to the change in the position and consciousness of women.

15. Der Abgrund (1926)*

Although Weimar Germany possessed a better, more fully developed social security system than most other countries (at least in the 1920s), it did not provide a fully effective safety-net. Below the working class there existed a stratum of utterly destitute people living in Dickensian squalor. What is significant about this text is not whether the woman's story was true, but rather the brief description of her lodgings.

The text is taken from the diary of a schoolgirl who belonged to the Berlin *Großbürgertum*. She was just under seventeen when she wrote this entry (see p. 72 for a photograph of the author).

In the MS the whole of the section after the first colon is written as one paragraph. The editor has divided the

text into paragraphs, tidied up the punctuation, corrected a trivial spelling mistake. The other emendations
are shown in square brackets.

Weihnachten 26

[. . .]

Ganz kurz vor Weihnachten spielte sich [. . .] folgendes ab: Ich
hatte nachmittag in der Stadt etwas zu besorgen — bekam es nicht
und mir blieb bis zur obenerwähnten Kinderbescherung im Dom
noch über eine Stunde Zeit. Ich pendelte also nach den "Linden",
sah mir bei Rothe die Blumenbuketts an und wollte gerade weitergehen, als ich neben mir eine Frau sah, die elend, grau, zum Umsinken [aussah], doch wie fieberhaft gespannt die Vorübergehenden
musterte. Wegen ihres mehr als ärmlichen, fast zerlumpten Äußeren
konnte man sie für eine Bettlerin halten, aber ich wußte nicht recht.
Da sah sie mich derartig flehend an, dieses Jammergesicht, daß ich
zu ihr hinging und sie fragte: "Warten Sie auf jemand?" Antwort:
"Ich warte auf jemand, der mir *gnädig* ist."
- Diese Antwort war mir entsetzlich, fast widerlich, vielleicht weil
sie in so winselndem Tonfall gegeben war, aber ich hörte der Frau
weiter zu: Sie sagte, sie wäre nach einer furchtbaren Operation (die
sie mir übrigens genau beschrieb) gestern aus der Charité entlassen
worden, mit dem Bemerken, daß sie in guter Pflege und Obhut im
besten Fall noch etwa 3 Monate leben würde. Sie behauptet[e],
Frau eines Ingenieurs zu sein (sprach auch nicht ungebildet), was
aber mit diesem war, ob er tot ist oder sie verlassen hat oder was
sonst, wurde mir nicht klar. Jedenfalls stand sie ohne einen Pfennig
Geld, aber mit dem tröstlichen Bescheid vor der Tür der Charité.
Nun hat sie aber eine Schwester in Stuttgart, die auch in äußerst
bedrängter Lage lebe, aber bereit sei, sie zu pflegen, wenn sie
hinkäme — Reisegeld könne sie ihr aber nicht geben. Außerdem
wohnt bei dieser Schwester in Stuttgart ihr kleiner 5jähriger Junge,
den sie um jeden Preis wiedersehen möchte, bevor sie stirbt. Sie
übernachtete bei irgendwelchen obskuren Leuten, die ihr nichts
borgen konnten, aber eine Dame, die einzige, die sie hier in Berlin
kennt, hatte ihr das Reisegeld versprochen. Und nun hat sie, krank
und verzweifelt, Stunden und Stunden an der verabredeten Ecke
gewartet, in Regen und Matsch, die "Dame" ist nicht gekommen.
Sie hat antelefoniert, da hieß es, die Dame sei verreist . . .

Na jedenfalls war sie völlig zusammengebrochen hier neben dem
Adlon (!) gelandet.

Gott weiß, ob diese Geschichte wahr war, aber die Frau tat mir so
leid, daß ich ihr alles Geld gab, was ich bei mir hatte. Da meine
Besorgung ausgefallen war, reichte es sogar als Reisegeld. Sie dankte
überschwenglich, was mir wieder peinlich war, und wollte gleich
ihre paar Sachen holen, um noch am selben Abend abzufahren.
Aber sie zitterte dermaßen am ganzen Körper, daß sie mich bat,
sie in ihr Quartier zu begleiten. Wir waren bald da, aber als wir
über die trüben, feuchten Höfe gingen, ein triefäugiger alter Mann
uns öffnete, in einem kalten Kellerloch eine Greisin auf einer
Strohschütte lag (gelähmt anscheinend) und vor sich hinstierte,
während ein käsiges Balg an Kartoffelschalen knabberte, da wurde
mir buchstäblich schlecht. Ich verabschiedete mich schleunsamst
(*sic*) und verließ fluchtartig das Haus, ohne damit den furchtbaren
Eindruck loszuwerden.

Ich ging zum Dom, und die Kinder in ihrer zuerst stummen,
großäugigen Freude, die nachher in großes Gequietsch und Vergnügen
über die Spielsachen mündete, waren wie eine Erquickung. . . .

Source: Leonore Tiktin, 'Tagebuch', August 1924–November 1927, abridged
as indicated (unpublished MS in editor's possession).

Notes

besorgen + acc. = to buy (something).

die Kinderbescherung = distribution of Christmas presents to children, children's Christmas party with presents. (It is *obenerwähnt* because it is
mentioned earlier in the diary, but see the final paragraph of this text for
a very brief description.)

der Dom: this refers to the main Protestant Cathedral in Berlin, just north of
the formal royal palace. (The latter was severely damaged in 1945 and
demolished in 1950. The site is now occupied by the Marx-Engels-Platz.)
The diarist was a member of *Konfirmierten-Bund* which consisted of young
people who had been confirmed at the Cathedral. Hence her involvement
with the Christmas charity party for children.

pendeln = (in this context) to saunter.

nach den "Linden" = to Unter den Linden.

zum Umsinken = on the point of collapsing, fainting.

zerlumpt = ragged.

aber ich wußte nicht recht = but I wasn't sure.

dieses Jammergesicht = this face full of woe.

gnädig = (in this context) kind, generous.

winselnd = whining.

die Charité: this is the main teaching hospital of the University of Berlin (now the Humboldt-Universität). It had a considerable number of free beds.

der Ingenieur: in German this term is reserved for highly qualified engineers and is not used to denote plumbers or mechanics.

tröstlich: the word is used ironically here!

der Bescheid = information.

in bedrängter Lage = in straitened circumstances, poverty.

der Matsch = slush.

das Adlon: the Hotel Adlon was the 'smartest of the smart' of Berlin hotels at that time. It stood between the Brandenburg Gate and Unter den Linden.

reichte es sogar als Reisegeld: Berlin–Stuttgart is about 370 miles by rail, so even a single third-class ticket would have cost quite a lot of money.

überschwenglich = effusively.

das Quartier = (in this context) lodgings.

über die . . . Höfe gingen: in Berlin buildings were generally grouped round courtyards and were not arranged in terraces of houses. Often the courtyards set well back from the main roads, say, the third and fourth, were insanitary.

ein triefäugiger alter Mann = an old man with dripping eyes.

das Kellerloch = hole of a cellar, basement.

die Greisin = old woman.

die Strohschütte = bundle of straw.

vor sich hinstieren = to gaze ahead.

käsig = pale (not 'cheesy'!).

das (or *der*) *Balg* (pl. *Bälger*) = brat.

die Kartoffelschalen (no sing.) = potato-skin.

knabbern an + dat. = to nibble at.

schleunsamst: this is a neologism created by the diarist and is equivalent to *schleunigst*.

großäugig = wide-eyed.

münden in + acc. = (in this context) to develop into.

16. "Ich bin allein"**

In the Weimar Republic educational opportunities for women improved, but there was no corresponding improvement in real career opportunities for women. Moreover, girls and young women generally lacked access to objective advice and relevant literature on how to try to shape their lives. As this extract from the diary of an *Unterprimanerin* (lower-sixth-former) shows, in practice young women were often simply left alone with their problems — amid conflicting pressures, expectations, and, in some cases, opportunities.

This passage is taken from the same diary as the preceding text, and the diarist was a little under eighteen when she wrote this. (See p. 72 for a photo of the diarist taken around the time that this was written.)

No attempt has been made to alter the diary style of the original, but idiosyncratic spelling and punctuation have been corrected. The other emendations are shown in square brackets.

November 27

[. . .]

Wurde befragt wegen Beruf: Ob ich nicht einen "sozialen" . . . im Sinne [der] intensivierten, geschulten Damen-Wohltätigkeit. Ich dachte: Sollte ich jemals den Entschluß zu sozialer Arbeit fassen, dann würde ich so sozial werden, daß ihr euch wundern würdet. Dieser Beruf hat den Vorteil der unmittelbaren Wirkung von Mensch auf Mensch, wie Lehrtätigkeit und Arztberuf, von denen der zweite bestimmt, der erstere so ziemlich [ausfällt]. Aber ich fürchte, diesen Ruck zur Selbstaufgabe in praktischer sozialer Arbeit werde ich mir kaum je geben, obwohl ich weiß, man *müßte* es eigentlich. Es lockt mich ein Gegenpol: Erarbeiten der Kulturessenz, Sprachen, u.s.w. Via Universität? Lohnt sich das?

Es gibt noch ein Drittes im Hintergrund zu klären, ob der Beruf mich ausfüllen soll oder nur meine Tage und Portemonnaie, ohne daß er mir deswegen contre-coeur zu sein braucht, indem er das Eigentliche nebenherlaufen läßt. Ich wünschte das erste, und es wird wohl das zweite werden, da ich für das erste keinen konkreten Umriß sehe.

Wurde ferner befragt wegen Johannes [E.]. Ja, kenne ihn aus der Tanzstunde, unterhielten uns viel, er ging zum Studium nach Tübingen, schrieb begeisterte Briefe vom Corpswesen — ein höchst naiver Junge, herzlich, aber ohne die Prägnanz des Vaters. Dieser? Jetzt ganz im politischen Fahrwasser, ultrarechts, und damit mir aus den Augen verschwunden.

Befragte mich selber während meiner Krankheit: Was ist mit Dir? Und mußte antworten:

Leonore Titkin, the author of Texts 15 and 16, in 1927 (aged 17).

— Ich bin allein. —

Source: Leonore Tiktin, 'Tagebuch', August 1924–November 1927, (unpublished MS in editor's possession).

Notes

die . . . Damen-Wohltätigkeit: in this context the term is used pejoratively to mean Lady Bountiful-type charity work.
das Erarbeiten = (in this context) study, studying; learning (of languages).
die Kulturessenz = essence of civilization (rather than 'culture').
contre-coeur: in French the expression *à contre coeur* is an adverbial phrase

meaning 'unwillingly'. Here the expression is used as an adjective and appears to mean 'distasteful'.

das Eigentliche = (in this context) what is essential, important.

das Corpswesen = life in a *Studentenkorps*. The latter were exclusive, expensive clubs for male students. They wallowed in puerile ritual, were much given to the pursuit of 'wine, women and song', duelling and rabid nationalism. It should be noted that by no means all German student associations and clubs at that time were of this kind.

herzlich = sincere (not 'hearty'!).

die Prägnanz = (in this context) succinctness.

im politischen Fahrwasser sein = to be heavily involved in politics.

17. Die "alternative Szene" in Berliner Cafés um 1930*

This text provides brief descriptions of three Berlin cafés in the late Weimar period. As in other large German cities and as in Vienna and Paris, certain cafés often functioned as meeting-places for those intellectuals who were (or felt they were) in some sense outside the mainstream of middle-class society. (For more information on *Das Romanische Café* see Georg Zivier, *Das Romanische Café: Erscheinungen und Randerscheinungen rund um die Gedächtniskirche*, Haude und Spenersche Verlagsbuchhandlung, Berlin, 1965.)

Das der Kaiser-Wilhelm-Gedächtnis-Kirche gegenüber gelegene *Romanische Café* war das bekannteste Berliner Künstler-Café und wohl auch das einzige, das etwa mit dem *Café du Dôme* in Paris zu vergleichen wäre, doch war auch für das "gewöhnliche" Publikum bestens gesorgt.

Das Café hieß "romanisch", weil es im romanischen Stil gebaut war (wie die Gedächtnis-Kirche), nicht wegen irgendwelcher Anspielungen auf die Romania. Es hatte hohe, unbehagliche Räume und draußen eine große Terrasse, auf der wir Primanerinnen bei gutem Wetter gelegentlich Tacitus übersetzten mit Hilfe von Kaffee und Zigaretten. Die anerkannten Künstler und Literaten saßen an ihrem Stammtisch im sogenannten "Schwimmerbassin", alle anderen Gäste im "Nichtschwimmerbassin" oder auf der Terrasse.

In der Umgebung befanden sich überhaupt mehrere Cafés verschiedener Art, wie z.B. das *Café Zuntz selige Witwe*, eine gute, billige Kaffeestube, die allerdings nur tagsüber geöffnet war. Wir Sozialisten saßen öfters an einem Tisch, und Anhänger von Otto Strasser einschließlich seines "Adjutanten" an einem anderen. Aus der Rückschau hört es sich vielleicht merkwürdig an, doch führten wir mit diesen Strasser-Anhängern nicht nur lebhafte, sondern sogar gutgelaunte politische Diskussionen; und der "Adjutant" erklärte einer gewissen Genossin, es wäre für ihn ein Hochgenuß, "mal 'das jüdische Weib' zu erleben!"

Doch war es das Café der "Lunte", wo diejenigen aus der jüngeren Generation, die aus den engen Schranken des Mittelstandes ausgebrochen waren, die mehr im Kopf als in der Tasche hatten, die alternativ dachten und lebten, sich am ungeniertesten fühlten. Das nicht allzu saubere Café wirkte rein äußerlich keineswegs attraktiv. Es bestand aus einem einzigen Raum mit Theke, dahinter die Küche; die Tische waren mit einfachen Wachstüchern bedeckt. Die weißgetünchten Wände boten die Möglichkeit, allerlei boshafte Karikaturen zu zeichnen — eine Möglichkeit, von der durchaus Gebrauch gemacht wurde. Hinter der Theke stand die Wirtin, "die Lunte" selber — mit einer dicken Zigarre, ganz kurz geschnittenen Haaren und mit Schlips und Kragen. Das Publikum war teilweise *bohème*, teilweise *pseudo-bohème*, und es kamen auch Studenten sowie Angehörige der "Lumpen-Bourgeoisie". Das Essen und der Kaffee waren nicht gut, doch billig, auch der Schnaps. Man brauchte aber nur eine Tasse Kaffee zu bestellen, um ewig dort zu sitzen. Hier wurde vor allem diskutiert — über Weltanschauungen, Kunst, Politik, Freie Liebe, den Paragraphen 175, usw. Wenn wir Studentinnen und Studenten hereinkamen — etwa aus der *Katakombe*, dem damals neuesten Kabarett — setzten wir uns hin und sangen das, was wir eben im Kabarett gehört hatten. Und wir sangen, saßen und diskutierten oft bis drei oder vier Uhr nachts.

Ein Kosewort als Nachwort! Ungefähr sechs verhängnisvolle Jahre — und, wie es schien, eine Welt später — in London: An einem Mittagstisch für Emigranten aus dem "Vaterland" stand hinter der Theke wieder "die Lunte!" Als sie mich erblickte, rief sie laut durch den ganzen Saal, "Na, Mensch, da biste ja wieder, Du olles Miststück!"

Source: Kindly written for the editor in 1987 by MAGO.

Notes

die Kaiser-Wilhelm-Gedächtnis-Kirche: This church was built between 1891 and 1894 in memory of Wilhelm I (King of Prussia 1861–88, German Emperor 1871–88). It was severely damaged in the Second World War, and has been replaced by a modern church. However, some of the ruins of the old church have been preserved, and the whole constitutes a well-known landmark in West Berlin.

das Café du Dôme: *Le Café du Dôme* in the *Boulevard du Montparnasse* has had a continuous existence since its foundation in 1897. Before the First World War it appears to have been primarily a political café and included Lenin and Trotsky among its regular visitors. In the inter-war period it was a literary café with an international clientèle. Its regulars included Jean-Paul Sartre, Ernest Hemingway, Simone de Beauvoir and Henry Miller.

romanisch = romanesque, Norman.

die Romania = the lands where Romance languages are spoken.

der Literat (pl. *Literaten*) = man (or woman) of letters, writer.

Otto Strasser: Otto Strasser (1897–1974) was for a time a leading figure on the Nazi Party's 'left wing' which took the populist and pseudo-socialist aims of the Party seriously. This led to a breach with Hitler. In 1930 Otto Strasser left the Nazi Party and founded a new political organization called *Die Kampfgemeinschaft revolutionärer Nationalsozialisten* or, more commonly, *Die Schwarze Front*. When Hitler seized power, Otto Strasser fled to Austria and later to Canada. He returned to Germany after the Second World War.

die Theke = bar.

die Lumpen-Bourgeoisie: in this context the term refers to impoverished intellectuals and artists.

der Paragraph 175: this refers to the paragraph of the penal code prohibiting homosexual acts between male adults. It was repealed in 1971.

die Katakombe: this was a cabaret which opened in October 1929. It had to close soon after the Nazis seized power.

das Kosewort = term of endearment. Here the word refers forward to *Miststück*.

biste: Berlin dialect for *bist du*.

oll: Berlin (and North German) dialect for *alt* used before a noun.

18. Innere Haltlosigkeit**

In the 1920s some contemporary observers felt that 'the Germans', and especially the 'younger generation', were intellectually, emotionally and morally confused. This text is one of the best expressions of this inevitably diffuse feeling: it is only superficially concerned with the subject of magazines. For information about the author, Leo Lania, see Text 8.

Deutschland: Nein, diesem Burschen ist nicht zu helfen. Er hat gute Anlagen, liebe Frau, zweifellos. Aber diese innere Haltlosigkeit, dies ewige Schwanken! Alles will er mitmachen, überall will er dabei sein. Wie ein kleines Kind greift er hundert Dinge auf — um sie im nächsten Augenblick schon wieder fallen zu lassen. Er stürzt sich voller Begeisterung auf alles Neue, es gibt keine politische, geistige, soziale Bewegung, die er nicht begrüßt, kritiklos mitgemacht hätte, und nach ein paar Monaten hat er sie satt. Das wäre kein Unglück, wenn die Zeit, die Energie, die er daran gewendet, sich irgendwie umsetzte in bleibende Werte. In keinem Lande schlagen die Wellen jeder neuen Strömung so hoch — nirgends ist ihre Spur, nachdem sie zurückgeflutet sind, so winzig. Hier gibt es keine neue geistige Bewegung, nur stets eine neue Mode. Und Moden entstehen aus keinem anderen inneren Bedürfnis als aus dem der Abwechslung; sie werden geboren, um zu sterben. Ihr Tod reißt keine Lücke.

Ihr Sohn, liebe Frau, ist radikal, aber nur in Äußerlichkeiten. Revolutionär, nur aus Nachahmungstrieb. Im Grunde seines Wesens ist er stockkonservativ. Wozu also die Maskerade? Warum drapiert er sich jetzt auf einmal als Amerikaner? Diese Magazine, liebe Frau, diese Magazine — es ist schade um den Jungen!

Da hat er ein neues Schlagwort entdeckt: *Tempo!* Es ist wie mit der "Organisation". Was drüben in England und Amerika nur Mittel ist zum Zweck: Verkürzung der Arbeitszeit, Sport, Weekend, besseres Leben — hier macht man aus der Organisation etwas Metaphysisch-Letztes und hat gar nicht begriffen, daß der sogenannte Amerikanismus vor allem innere Selbstdisziplin bedeutet, die Fähigkeit, jede Steigerung der Leistung in eine Steigerung der Bequemlichkeit, des Behagens umzusetzen. Dies neue Tempo aber, das jetzt hierzulande gezeigt wird, ist der Laufschritt auf der Stelle, den man beim Militär geübt hat.

Der Amerikaner hat Zeit. Nur keine innere Sammlung und Bereitschaft, sie in die Lektüre dicker Wälzer zu investieren. So sind die Magazine entstanden. Bilderbücher für große Kinder. Wir haben in Deutschland keine Autoren, die sie schreiben, keine Zeichner, die sie illustrieren, keine Verleger, die sie entsprechend ausstatten könnten — tut nichts, machen wir. Jede Woche ein neues Magazin. Sie kopieren bis ins kleinste Detail die amerikanischen Vorbilder, ohne sie in der Technik, ohne sie vor allem in der Frische, der Unbekümmertheit zu erreichen. Denn der Leser — und das ist das Entscheidende — hat nicht mehr die Jugend, die Kindlichkeit des Amerikaners. Er wird ja schon als Greis geboren. Was sollen ihm da Bilderbücher?

Folgen Sie mir, meine Herren Verleger! Lassen Sie diese kostspieligen Experimente! Die Pleite ist unausbleiblich — früher oder später. Aber früher, als Sie denken, wird sich der Deutsche "wieder auf sein inneres Wesen besinnen", die Magazine in die Ecke werfen und zur "Gartenlaube" greifen, zu "Über Land und Meer", zu "Reclams Universum", und dann wird dies die schmerzlichste Entdeckung sein; daß er vor lauter Sucht, alles Moderne, alles Neue nur ja mitzumachen, vergessen hat, von seiner wilden Jagd irgend etwas heimzubringen. Mit leeren Händen und wüstem Schädel wird er dorthin zurückkehren, von wo er zwanzig Jahre früher losgerast ist.

Source: Leo Lania, 'Magazine! Magazine!' in Ernst Glaeser (Hrsg.), *Fazit: Ein Querschnitt durch die deutsche Publizistik*, Gebrüder Enoch Verlag, Hamburg 1929, pp. 240–2.

Notes

gute Anlagen = (in this context) considerable abilities.
die Haltlosigkeit = instability.
das Schwanken = (in this context) vacillation.
sich in etwas (acc.) *umsetzen* = to be converted, translated into something.
die Wellen schlagen . . . so hoch = the waves . . . surge so high, to such a high level.
Ihr Tod reißt keine Lücken = their disappearance (or death) leaves no gaps.
das Tempo = speed, high speed.
etwas Metaphysisch-Letztes = a metaphysical end in itself. (lit. something metaphysical and ultimate).
der Laufschritt auf der Stelle = running on the spot.
die Sammlung = composure.
der Wälzer = weighty tome (not to be confused with *der Walzer* = waltz!).

die Unbekümmertheit = (in this context), naivety.
sich auf sein inneres Wesen besinnen = to return to one's true self.
die "Gartenlaube": an 'apolitical' illustrated weekly for family consumption.
   Founded in 1853, it survived till 1932 and, under a new title, till 1943.
"Über Land und Meer": an 'apolitical' illustrated monthly. It first appeared in
   1884 and was much less well known than *Die Gartenlaube*.
"Reclams Universum": yet another 'apolitical' *illustrierte Familienzeitschrift*.
wüst = (in this context) full of chaos, chaotic.

19. Subjektiv Arbeitslos*

This passage is taken from *Kleiner Mann — was nun?* —
probably the best known novel by Hans Fallada (pseudonym of Rudolf Ditzen, 1893–1947). His novels tend to
combine sentimentality with stark realism. *Kleiner Mann
— was nun?* depicts the increasingly difficult lot of the
white-collar worker Johannes Pinneberg and his wife
Emma (nicknamed 'Lämmchen'), who is pregnant at
this point in the story. The white-collar workers' position
had generally declined in Germany during the 1920s,
and deteriorated sharply after 1929. (Many historians
have commented on the 'proletarianization' of this social
group in Weimar Germany.) The passage begins just
after Lehmann, the personnel manager of Mandel's department store, has agreed to take on Pinneberg, thanks
to a 'connection' (Jachmann). The extract illustrates
Pinneberg's insecure social position. The novel, which is
set in the early 1930s, was first published in 1932.

Dies ist also wieder mal der Kleine Tiergarten, Pinneberg kennt ihn
schon seit seiner Kindheit. Er ist nie besonders hübsch gewesen, gar
nicht zu vergleichen mit seinem großen Bruder jenseits der Spree,
nur so ein notdürftiger Grünstreifen. Aber an diesem ersten Oktober, halb naß und halb trocken und halb bewölkt, halb sonnig mit
Wind aus allen Ecken und vielen braungelben häßlichen Blättern,
sieht er besonders trostlos aus. Er ist nicht leer, nein, das ist er gar
nicht. Massen von Menschen sind da, grau in der Kleidung, fahl in
den Gesichtern, Arbeitslose, die warten, sie wissen selbst nicht mehr

Wir werden mit eisernem Schritte zermalmen
was der Herstellung deutscher Nation in ihrer
Herrlichkeit und Macht entgegensteht!

Postcard published ca *1930 by the* Deutschnationale
Handlungsgehilfen-Verband.

auf was, denn wer wartet noch auf Arbeit — ? Sie stehen so herum, planlos, in den Wohnungen ist es auch schlimm, warum sollten sie nicht herumstehen? Es hat gar keinen Zweck, irgendwie nach Haus zu gehen, man kommt schon ganz von selbst in dies Zu-Haus, und viel zu früh. Pinneberg mußte nach Haus. Es wäre gut, wenn er rasch nach Hause ginge, sicher wartet Lämmchen. Aber er bleibt hier stehen unter den Arbeitslosen, er macht ein paar Schritte und dann bleibt er wieder stehen. Äußerlich gehört Pinneberg nicht zu ihnen, ist fein in Schale. Er hat den rotbraunen Winterulster an, den hat ihm Bergmann noch für achtunddreißig Mark gelassen. Und den steifen schwarzen Hut, auch von Bergmann, er war nicht mehr ganz modern, die Krempe zu breit, sagen wir drei zwanzig, Pinneberg.

Also äußerlich gehört Pinneberg nicht zu den Arbeitslosen, aber innerlich . . .

Er ist eben bei Lehmann gewesen, beim Personalchef des Warenhauses Mandel, er hat sich dort um eine Stellung beworben, und er hat sie erhalten, das ist eine ganz einfache geschäftliche Transaktion. Aber irgendwie fühlt Pinneberg, daß er infolge dieser Transaktion, und trotzdem er nun gerade wieder Verdiener geworden ist, doch viel eher zu diesen Nichtverdienern gehört als zu den Großverdienern. Er ist einer von diesen, jeden Tag kann es kommen, daß er hier steht wie sie, er kann nichts dazu tun. Nichts schützt ihn davor.

Ach, er ist ja einer von Millionen, Minister halten Reden an ihn, ermahnen ihn, Entbehrungen auf sich zu nehmen, Opfer zu bringen, deutsch zu fühlen, sein Geld auf die Sparkasse zu tragen und die staatserhaltende Partei zu wählen.

Er tut es und er tut es nicht, je nachdem, aber er glaubt denen nichts. Gar nichts. Im tiefsten Innern sitzt es, die wollen alle was von mir, für mich wollen sie doch nichts. Ob ich verrecke oder nicht, das ist ihnen ja so egal, ob ich ins Kino kann oder nicht, das ist ihnen so schnuppe, ob Lämmchen sich jetzt anständig nähren kann oder zu viel Aufregungen hat, ob der Murkel glücklich wird oder elend — wen kümmert das was?

Und die, die hier alle stehen im Kleinen Tiergarten, ein richtiger kleiner Tiergarten, die ungefährlichen, ausgehungerten, hoffnungslos gemachten Bestien des Proletariats, denen geht's wenigstens nicht anders. Drei Monate Arbeitslosigkeit und ade rotbrauner Ulster! Ade Vorwärtskommen! Vielleicht verkrachen sich am Mittwoch abend Jachmann und Lehmann, und plötzlich tauge ich nichts. Ade!

Das sind die einzigen Gefährten, diese hier, sie tun mir zwar auch was, sie nennen mich feiner Pinkel und Stehkragenprolet, aber das ist vorübergehend. Ich weiß am besten, was das wert ist. Heute, nur heute, verdiene ich noch, morgen, ach morgen, stemple ich doch. . . .

Vielleicht ist das noch zu neu mit Lämmchen, aber wenn man hier so steht und sieht die Menschen an, dann denkt man an sie. Man wird ihr auch von diesen Dingen nichts erzählen können. Das versteht sie nicht. Wenn sie auch sanft ist, sie ist viel zäher als er, sie würde hier nicht stehen, sie ist in der SPD und im Afa-Bund gewesen, aber nur, weil der Vater da war, sie gehört eigentlich in die KPD. Sie hat so ein paar einfache Begriffe, daß die meisten Menschen nur schlecht sind, weil sie schlecht gemacht werden, daß man niemanden verurteilen soll, weil man nicht weiß, was man selber täte, daß die Großen immer denken, die Kleinen fühlten es nicht so — solche Sachen hat sie in sich, nicht ausgedacht, die sind in ihr. Sie hat Sympathien für die Kommunisten.

Source: Hans Fallada, *Kleiner Mann — was nun?*, Roman, 71.–80. Tausend, Rowohlt Verlag GmbH, Berlin 1933, pp. 132–4. Reprinted by kind permission of Emma D. Hey, Braunschweig, Germany, Urheberberechtigte für Hans Fallada.

Notes

NB. Much of the passage is written in a colloquial style, hence the occasional deviations from the normal rules and conventions of German word-order.

der Kleine Tiergarten: a small park in Moabit in North-West Berlin. As the text indicates, it should not be confused with the *Tiergarten* itself.
fein in Schale = (coll.) smartly dressed.
der Winterulster = heavy winter overcoat (of a specific type).
Bergmann: this is the name of one of Pinneberg's previous employers, who owned a gentlemen's outfitter's shop and who had allowed Pinneberg to buy some clothing at reduced prices.
die Krempe = rim (of hat).
staatserhaltend = supportive of the state (in this context) respectable, establishment.
je nachdem = according to circumstances, according to (his) mood, 'it all depends'. (This expression needs to be interpreted flexibly as it has several slightly differing senses.)
verrecken = (offensive) to die, 'snuff it'.
schnuppe = (local dialect) indifferent.
der Murkel = (slang) little boy, tot.
ade = farewell, goodbye.
der Ulster: see *der Winterulster* above.
sich verkrachen = to have a row.
ein feiner Pinkel = (slang) a 'toff'.
der Stehkragenprolet = (slang) a 'toff'.
stempeln = (coll.) to be unemployed, on the dole.
die SPD = *die Sozialdemokratische Partei Deutschlands*.
der Afa-Bund = *der Allgemeine freie Angestelltenbund* (this was a relatively small left-wing trade union for white-collar workers).
die KPD = *die Kommunistische Partei Deutschlands*.

20. Ein Wehrwissenschaftler schreibt über die Engländer (1932)**

The author of this text, Ewald Banse (1883–1953), was appointed to the newly created chair in *Wehrwissenschaft* (or military science) at the Technische Hochschule Braunschweig in February 1933. The book from which this text is taken was, however, published in 1932 and in the preface Banse writes ecstatically about the 'dawn' of the Third Reich. No more need be said about him, for he 'wears himself on his sleeve'.

Dem [englischen] Soldaten selber werden auch gar keine übergroßen Anstrengungen im Felde zugemutet, er wird als ein Herr behandelt, dem Wohlergehen und Bequemlichkeit nötig sind, damit er sich wohl fühle.[. . .] Der englische Soldat, gleichgültig welchen Ranges, tut stets gerade nur soviel, wie er für nötig hält, um das Empire aufrechtzuerhalten — Empire aber heißt Wohlgeborgenheit und Wohlleben der englischen Heimatmenschheit; Schlachtenruhm ist ihm unverständlich.[. . .]

Sehr wichtig ist die Beurteilung des englischen Volkskarakters für den Fall einer feindlichen Invasion. Sicherlich wird das Volk einmütig zu den Waffen eilen und sich vor der Ouselinie oder den Kreide- und Jurahöhen in heldenhafter Verbissenheit niedermähen lassen, ehe es schrittweise zurückweicht. Aber es ist die Frage, ob sich dieses Volk im Falle einer Aushungerung bewähren wird. Es ist seit etlichen Jahrhunderten in leiblichen Genüssen sehr verwöhnt und wird sich nur schwer in wirkliche Entbehrungen (die es während des Weltkrieges trotz Lebensmittelkarten noch nicht kennengelernt hat) schicken. Ein Teil des Volkes wird aus seiner Vaterlandsliebe her- aus auch das ertragen, ein anderer freilich dürfte das Spiel, das ihm dann keines mehr sein würde, doch früher aufgeben. Wir gestehen, daß es uns reizvoll dünkt, dem in irgendeiner Zukunft ja einmal eintretenden Niedergange dieses stolzen und sicher gewordenen Volkes nachzusinnen und uns auszumalen, daß dieses seit 1066 nicht wieder eroberte Land fremden Herren wird gehorchen oder doch auf sein einbringliches Kolonialreich wird verzichten müssen. Jeder Engländer und jede Engländerin würden diese Sätze für eine Ungeheuerlichkeit, ja für eine Gotteslästerung halten — wenn sie dieselben jemals kennenlernen würden.

Source: Ewald Banse, *Raum und Volk im Weltkriege: Gedanken über eine nationale Wehrlehre*, Gerhard Stalling, Oldenburg 1932, pp. 262–3 (abridged as indicated).

Notes

zumuten + *etwas* (acc.) + *jemandem* = to demand, require, expect something of someone.

ein Herr = (in this context) a gentleman.

das Wohlergehen = well-being.

Wohlgeborgenheit und Wohlleben der englischen Heimatmenschheit = security and physical well-being of the British at home.

der Schlachtenruhm = glory of battle, military glory.

vor der Ouse-Linie oder den Kreide- und Jurahöhen . . . : this refers to the Great Ouse (which flows into the Wash at King's Lynn), the North and South Downs and the hills of Leicestershire and Northamptonshire. The hills of the East and South Midlands are largely Jurassic — hence *Jurahöhen*. Banse's 'plan' for a future invasion of Britain consisted first and foremost of landings in Kent and East Anglia (from the coasts of Belgium and the Netherlands) and a subsequent advance on London and the industrial Midlands. He appears to have thought that it would be easy to carry out such an invasion!

die Verbissenheit = obstinacy.

sich schicken in + *etwas* (acc.) = to submit to something.

daß es uns reizvoll dünkt . . . = that we have much pleasure (in contemplating). NB. *Es dünkt mich/uns* is virtually archaic and means 'it seems to me/us', 'methinks'.

nachsinnen + dat. = to contemplate, meditate on, ponder.

sich ausmalen = (in this context) to think.

die Ungeheuerlichkeit = outrage, monstrosity.

wenn sie dieselben jemals kennenlernen würden: in fact, Banse's book became known in Britain fairly soon after publication and was the subject of correspondence in *The Times* in late October 1933.

21. 'Das Dritte Reich' (1930)**

Kurt Tucholsky (1890–1935) was a prolific writer noted chiefly for his essays and his satire. He also wrote the words for many of the songs that were sung in Berlin cabarets in the 1920s and early 1930s. In 1933 he was stripped of German citizenship. This satirical poem was written in 1930.

Das dritte Reich

Es braucht ein hohes Ideal
der nationale Mann,
daran er morgens allemal
ein wenig turnen kann.
  Da hat denn deutsche Manneskraft
  in segensreichen Stunden
  als neueste Errungenschaft
  ein Ideal erfunden:
Es soll nicht sein das erste Reich,
es soll nicht sein das zweite Reich . . .

Das dritte Reich?
Bitte sehr! Bitte gleich!

Wir dürfen nicht mehr massisch sein —
wir müssen durchaus rassisch sein —
und freideutsch, jungdeutsch, heimatwolkig
und bündisch, völkisch, volkisch, volkig . . .
und überhaupt.
                Wers glaubt,
wird selig. Wer es nicht glaubt, ist
ein ganz verkommener Paz- und Bolschewist.

Das dritte Reich?
Bitte sehr! Bitte gleich!

Im dritten Reich ist alles eitel Glück.
Wir holen unsre Brüder uns zurück:
die Sudetendeutschen und die Saardeutschen

und die Eupendeutschen und die Dänendeutschen . . .
Trutz dieser Welt! Wir pfeifen auf den Frieden.
Wir brauchen Krieg. Sonst sind wir nichts hienieden.
Im dritten Reich haben wir gewonnenes Spiel.
Da sind wir unter uns.
                              Und unter uns, da ist nicht viel.
Da herrscht der Bakel und der Säbel und der Stock —
da glänzt der Orden an dem bunten Rock,
da wird das Rad der Zeit zurückgedreht —
wir rufen "Vaterland!" wenns gar nicht weiter geht . . .
Da sind wir alle reich und gleich
im dritten Reich.
Und wendisch und kaschubisch reine Arier.

Ja, richtig . . . Und die Proletarier!
Für die sind wir die Original-Befreier!
Die danken Gott in jeder Morgenfeier —
        Und merken gleich:
Sie sind genau so arme Luder wie vorher,
genau solch schuftendes und graues Heer,
genau so arme Schelme ohne Halm und Haber —
        Aber:
        im dritten Reich.

Und das sind wir.
                Ein Blick in die Statistik:
Wir fabrizieren viel. Am meisten nationale Mistik.

Source: Kurt Tucholsky, *Gesammelte Werke, Band III (1929–1932)*, hrsg. von
        Mary Gerold-Tucholsky und Fritz J. Raddatz, Rowohlt Verlag,
        Reinbek bei Hamburg 1961, pp. 437–8. Reprinted by kind per-
        mission of the publishers.

Notes

national = nationalistic.
an etwas (dat.) *turnen* = (in this context) to exercise oneself on something.
die Manneskraft = virility (archaic, jocular).
massisch: this word has been coined by Tucholsky and means 'like the
masses'. (For many German nationalists the word *Masse* had conno-

tations of many of their *bêtes-noires* — large cities, demonstrating and/or striking workers, the Left, the proletariat, and so on.)

freideutsch, jungdeutsch . . . bündisch: in the nineteenth century these three terms were closely associated with the liberal movement for German unification, especially in the period *c*.1815–50. After the turn of the century they were adopted by the various youth movements that mushroomed all over Germany. By 1930 these terms (like most of the youth movements) had been largely appropriated by the extreme Right.

heimatwolkig: another word coined by the poet. It means something like '(our heads) stuck in the clouds of our homeland'.

völkisch: this term is usually left untranslated. Its 'central' meaning lies on a spectrum extending (according to context) from 'ethnic' (of Germans only) to 'racialist'.

volkisch, volkig: these are words invented by the poet to make fun of the concept *völkisch*.

Paz- und Bolschewist: i.e. *Pazifist und Bolschewist*.

die Sudetendeutschen: this refers to the German-speaking inhabitants of the *Sudetenland*, i.e. those areas of Czechoslovakia bordering on Germany and Austria. (After 1945 the vast majority of the *Sudetendeutschen* were expelled by the Czech government.)

die Saardeutschen: under the Treaty of Versailles the *Saargebiet* (roughly corresponding to the present *Saarland*) was placed under French administration pending a plebiscite, held in 1935, when the overwhelming majority of the inhabitants voted for reunion with Germany.

die Eupendeutschen: under the Treaty of Versailles, Eupen and Malmédy were ceded to Belgium.

die Dänendeutschen: Schleswig and Holstein were occupied by Prussian and Austrian troops, following the defeat of Denmark in the 1864 war. Subsequently both territories were annexed by Prussia. The Prussian government promised to hold a plebiscite in Northern Schleswig, which was predominantly Danish-speaking. The promise was not kept, and after the First World War the German government was finally forced to accept a plebiscite — and its result. A number of native speakers of German were transferred to Denmark.

der Trutz = defiance. This is an archaic form of *Trotz*, sometimes used in conjunction with *Schutz*. (German nationalists, whether of the liberal variety of the first half of the nineteenth century or of the later brands have often displayed a predilection for archaisms, mediaeval affectations and the like! See illustration on p. 79.)

auf etwas (acc.) *pfeifen* (irreg.) = not to give a damn about something.

der Bakel (pl. *Bakel*) = cane.

der Orden (pl. *Orden*) = order of chivalry, insignia (of order of chivalry), medal.

wendisch, kaschubisch = *Wendish, Kashubian*. To the south-east of Berlin, in the Lausitz region, there existed (and still exists) a small population (perhaps about 30,000 in the inter-war period) speaking Wendish, a Slavonic language, as their first language. Similarly, there was a population in Pomerania which spoke Kashubian, also a Slavonic language, as their native language. Interestingly, the Nazis did not treat either group as Slavs.

der Arier = Aryan (the word was used by the Nazis as a term for *non-Jews*).
die Morgenfeier = (in this context) morning prayer, matins.
das Luder (pl. *Luder*) = pathetic wretch.
schuftend = slaving away.
ohne Halm und Haber = without anything to eat (lit. *without wheat or oats*).
die Mistik: a sarcastic bowdlerization of *Mystik* (= mysticism), with an
    obvious allusion to *Mist* (= crap).

22. Führertum, Fanatismus, Unduldsamkeit*

This extract from *Mein Kampf* describes the principles on
which Hitler believed that a successful political movement should be based — and on which he built up the
Nazi Party. The section in question relates more specifically to the *Deutsche Arbeiterpartei*, the immediate forerun-
ner of the Nazi Party itself. The text has been abridged
in such a way as to focus on those features of organization that Hitler thought were of permanent validity and
which dominated his future action and attitudes, while
details of various divergent views among the ultra-Right
in 1919–20 have been omitted.

The text provides an interesting glimpse of Hitler's
personal conception of his brand of 'conviction politics'.

Irgendein genialer Gedanke entsteht im Gehirn eines Menschen, der
sich berufen fühlt, seine Erkenntnis der übrigen Menschheit zu
vermitteln. Er predigt seine Anschauung und gewinnt allmählich
einen bestimmten Kreis von Anhängern. Dieser Vorgang der direk-
ten und persönlichen Übermittlung der Ideen eines Menschen auf
die andere Mitwelt ist der idealste und natürlichste. Bei steigender
Zunahme von Anhängern der neuen Lehre ergibt sich allmählich
die Unmöglichkeit für den Träger der Idee, persönlich auf die
zahllosen Anhänger weiter direkt einzuwirken, sie zu führen und zu
leiten. In eben dem Maße, in dem infolge des Wachstums der
Gemeinde der direkte und kürzeste Verkehr ausgeschaltet wird, tritt
die Notwendigkeit einer verbindenden Gliederung ein: der ideale
Zustand wird damit beendet, und an seine Stelle tritt das notwen-

dige Übel der Organisation. Es bilden sich kleine Untergruppen, die in der politischen Bewegung beispielsweise als Ortsgruppen die Keimzellen der späteren Organisation darstellen.

So wertlos eine Armee in all ihren organisatorischen Formen ohne Offiziere ist, so wertlos ist eine politische Organisation ohne den entsprechenden Führer.

[. . .]

Zum Führertum selbst gehört nicht nur Wille, sondern auch Fähigkeit, wobei jedoch der Willens- und Tatkraft eine größere Bedeutung zugemessen werden muß als der Genialität an sich, und am wertvollsten eine Verbindung von Fähigkeit, Entschlußkraft und Beharrlichkeit ist.

Die Zukunft einer Bewegung wird bedingt durch den Fanatismus, ja die Unduldsamkeit, mit der ihre Anhänger sie als die allein richtige vertreten und anderen Gebilden ähnlicher Art gegenüber durchsetzen.

[. . .]

Die Größe jeder gewaltigen Organisation als Verkörperung einer Idee auf dieser Welt liegt im religiösen Fanatismus, indem sie sich unduldsam gegen alles andere, fanatisch überzeugt vom eigenen Recht, durchsetzt. Wenn eine Idee an sich richtig ist und, in solcher Weise gerüstet, den Kampf auf dieser Erde aufnimmt, ist sie unbesiegbar, und jede Verfolgung wird nur zu ihrer inneren Stärke führen.

Die Größe des Christentums lag nicht in versuchten Vergleichsverhandlungen mit etwa ähnlich gearteten philosophischen Meinungen der Antike, sondern in der unerbittlichen fanatischen Verkündung und Vertretung der eigenen Lehre.

[. . .]

Die Bewegung hat grundsätzlich ihre Mitglieder so zu erziehen, daß sie im Kampfe nicht etwas lässig Auferzogenes, sondern das selbst Erstrebte erblicken. Sie haben die Feindschaft der Gegner mithin nicht zu fürchten, sondern als Voraussetzung zur eigenen Daseinsberechtigung zu empfinden. Sie haben den Haß der Feinde unseres Volkstums und unserer Weltanschauung und seine Äußerung nicht zu scheuen, sondern zu ersehnen.

Source: Adolf Hitler, *Mein Kampf*, Zwei Bände in einem Band, 795.–799. Aufl., Zentralverlag der NSDAP, Franz Eher Nachfolger GmbH, München, 1943, pp. 380–6 (abridged as indicated). (The book was originally published in two volumes, of which the first appeared in 1925, the second in 1927.)

Notes

die Unduldsamkeit = intolerance.
genial = brilliant.
die Erkenntnis = (in this context) insight, vision.
die Tatkraft = vigour.
die Genialität = genius.
das Gebilde (pl. *Gebilden*) = (in this context) organization.
unduldsam = intolerantly.
unerbittlich = (in this context) ruthless.
etwas lässig Auferzogenes = (in this context) something coolly inculcated.

II. Das Dritte Reich

23. Einige Überlegungen zur "Machtergreifung"**

The question 'How was it possible for the Nazis to seize power?' has been of great interest ever since 1933. There is no simple answer — nor any definitive answer, though in the course of the last twenty-five years or so a number of historians have succeeded in producing sophisticated hypotheses that seek to do justice to the complexity of the phenomenon.

The notion that the Nazis came to power largely as a result of the terms of the Treaty of Versailles was popular for a long time with many conservative Germans as it conveniently placed the blame on Britain and France. At the other extreme, the view that Nazism (and its rise to power) was some excrescence of 'the German character' — whatever that may be — is equally untenable.[1] In its various forms this notion was much in vogue in Britain and America from c.1940 till the early 1960s and even later. Its proponents, who included *emigrés* from Nazi Germany[2] and liberals, failed to realize that they were often advancing a racialist interpretation based on anecdotal observations which they treated as evidence.[3]

This text is concerned with the climate of thinking — or rather feeling — that facilitated the Nazis' rise to power. The author takes the issue back to 1918–19 and earlier (cf. Texts 1 and 2). Note that the author qualifies his initial statement and thus what he means by *die Deutschen*.

1918/1919 war für die Deutschen eine Katastrophe. Dies weniger durch den tatsächlichen Befund und die wenigstens zeitweise wirklich große Not als durch die Kluft, die sich zwischen den national-völkischen Hoffnungen der Vorkriegs- und Kriegsjahre und der Wirklichkeit aufgetan hatte. "Für die Deutschen eine Katastrophe" heißt: von zahllosen Deutschen bewußt als Schmach empfunden. Die Enttäuschung über das Scheitern des Weltmacht-Strebens, die Verzweiflung über den Verlust des Kaiserreichs, die Erbitterung über die Schande des verlorenen Krieges ließ in den Jahren 1919 bis 1923 eine geradezu phantastische Welle völkischer Literatur auf-schießen, die nun auch (im Unterschied zur Zeit vor dem Kriege) unzählige Leser fand und in der eigentlich alles gesagt ist, was zehn Jahre später verwirklicht werden sollte. Das Völkische ist hier Ersatz für die verlorene Größe und Macht, Rausch aus Pseudover-gangenheit (wie sie traditionell "gepflegt" wurde) und Zukunftstraum, ein Rausch, der über die schlimme Gegenwart hinweghelfen sollte. Schrecklicher als Versailles war die Niederlage selbst, die es zu leugnen, auszulöschen, zu rächen galt. Versailles war eher, wie sich an Hitlers frühen Münchner Reden gut zeigen läßt, eine Möglichkeit, dem Volk seine Schande zu zeigen, es aufzurütteln. Vom Ideologi-schen her gesehen ist Hitler ganz aus dieser Strömung zu verstehen, in der, wie stets nach politischen Katastrophen, leidenschaftlich nach dem Schuldigen gesucht wird, eine Strömung, in der Hitler nichts Besonderes bietet, nicht einmal in dem Bereich, dessen "Stunde" nun gekommen war: im Bereich des Antisemitismus.

Die Bedeutung Hitlers liegt, neben dem Phänomen seiner red-

---

1. For a useful discussion of the concept of national character, published early in the Second World War, see Hamilton Fyfe, *The Illusion of National Character*, Watts, London, 1940.

2. See, for example, the work by Emil Ludwig cited in footnote 3 below.

3. The present editor remembers well how in the 1950s and 1960s otherwise perfectly sensible intellectuals in London talked of 'the Germans' in terms suggesting that they were intrinsically sado-masochistic. Occasionally some wiseacre would claim that 'the Austrians' were even more so. Sometimes, amid hushed tones, homosexuality and boot-fetishism (!) were said to figure prominently in 'the German make-up' and were somehow supposed to account for the Nazis' rise to power. Such views were much more widespread than these remarks may suggest. Emil Ludwig, giving advice on how the Allies should behave when they occupied Germany, had written as follows: 'Allied officers will not be seen promenading the streets of Berlin, swinging their riding whips, as German officers like to do in Paris. But it would be advisable for Allied officers to appear as often as possible in riding boots, by the help of which Herr Hitler won the respect of German youth. Riding boots were always considered the symbols of the master'. (Emil Ludwig, *How to Treat the Germans*, Hutchinson, London n.d. [1944], p. 58.)

nerischen Erfolge, dem mitreißenden Vortrag jener damaligen Allerweltsgedanken, darin, daß er das Ressentiment, das in der ersten Zeit nach der Niederlage verständlich war, zur Dauerhaltung seiner immer zahlreicher werdenden Anhänger werden ließ, daß er den Haß in seiner Partei institutionalisierte. Auch er hat die Angst zum Helfershelfer gemacht, die Angst vor jener "Weltverschwörung", wie sie schon vor dem Weltkriege in vielen seltsamen Zirkeln gepredigt worden war, und wie sie nun in der pauschalen Einbeziehung aller internationalen Elemente in diese angebliche Verschwörung gegen die deutsche Nation den Massen dargeboten wurde: die internationale Finanz, das internationale Freimaurertum, der internationale Bolschewismus und, sie alle überragend und verklammernd, das internationale Judentum. Mit solchen Gedanken ließen sich die Ideen von der eigenen, der reinen Art und Rasse, der Abwehr jeder Überfremdung und Entartung, kurz, die Lehren der auf die Politik und speziell auf die Deutschen angewandten Rassetheorie aufs beste vereinen. Doch sei zuvor daran erinnert, daß ein anderes Wesensmerkmal des NS-Staats, der Führergedanke und damit der extreme und bewußt gewählte Gegenpol zur Demokratie, in der NSDAP erst durch Hitlers alle Rivalen überragende Figur (und auch das nicht ohne Gefahren) durchgesetzt wurde — daß er aber im bürgerlich-völkischen Lager auf hohe Aufnahmebereitschaft stieß.

Source: Karl Ferdinand Werner, *Das NS-Geschichtsbild und die deutsche Geschichtswissenschaft*, W. Kohlhammer Verlag, Stuttgart, 1967, pp. 20–2. Reprinted by kind permission of the author.

Notes

der Befund = (in this context) outcome, result(s).
national-völkisch = nationalistic and racialist.
das Weltmacht-Streben = attempt to gain world-power status.
völkisch: see note to Text 21.
jemandem hinweghelfen über + acc. = to tide someone over something.
es gilt, etwas zu tun = it is essential (to do something).
mitreißend = rousing, stirring.
der Vortrag = (in this context) presentation.
die Allerweltsgedanken (pl.) = platitudes.
der Helfershelfer = accomplice.
sie alle überragend und verklammernd = towering above and embracing them all.
die Art = (in this context) 'kith and kin'.
die Abwehr + gen. = defence, protection against.
die Überfremdung = foreign influence(s), infiltration.

24. Der Sozialdarwinismus**

Many opponents and victims of Nazism have been reluctant to credit the Nazis with a *Weltanschauung* or ideology. This view, though understandable as an expression of contempt, is quite inaccurate. It is also not very helpful to describe Nazi ideology as a 'philosophy of nihilism'. At the very core of Nazi ideology, and not least its obsessive racialism, lay a particular brand of Social Darwinism.

This text provides a useful outline of the development of Social Darwinist ideology up to about 1914. As the text indicates, hand in hand with Social Darwinism went the rise of eugenics — schemes for translating Social Darwinist ideology into programmes for political and social action. Towards the end of the text the author draws a distinction between Social Darwinism (and eugenics) as such and racialism. Whether such a distinction can really be drawn is, however, debatable. In practice, Social Darwinism, eugenics and racialism have tended to go together.

In seinem 1859 erschienenen Hauptwerk *Über die Entstehung der Arten durch die Auslese oder die Erhaltung der bevorzugten Rassen im Ringen ums Dasein* (engl. *On the Origin of Species by Means of Natural Selection, or the Preservation of Favoured Races in the Struggle for Life*) hatte Charles Robert Darwin die Auslese durch den "Kampf ums Dasein" als das tragende Prinzip des Lebens erklärt. Nur die lebenstüchtigen Lebewesen überstehen diesen Kampf, werden sich weiter fortpflanzen und höher entwickeln, da die durch den "Kampf ums Dasein" herausgesiebten Merkmale vererbbar sein können. So dient das Überleben der Stärkeren wie auch die rücksichtslose Ausmerzung aller minderwertigen Lebewesen durch die Natur der Erhaltung der Arten. Darwin war sich aber als gewissenhafter Naturwissenschaftler darüber im klaren, daß "viele der Ansichten, die ich ausgesprochen habe, sehr spekulativ" (sind), "und manche werden sich zweifellos als irrig erweisen." Andererseits entstand seine Lehre keineswegs zufällig gerade in der vom Manchesterliberalismus beherrschten geistigen Atmosphäre Englands und unter dem Einfluß des englischen Nationalökonomen Malthus.

Darwins Nachfolger überall in Europa, die Sozialdarwinisten,

[. . .] hatten daher keine Hemmungen, das Darwinsche "Gesetz" vom "Kampf ums Dasein" auf die menschliche Gesellschaft zu übertragen. Sie leugneten den Unterschied zwischen dem Geschehen in der Natur und dem von sittlichen Prinzipien mitgestalteten Menschenleben. Meist Anhänger des extremen wirtschaftlichen Liberalismus waren sie davon überzeugt, daß auch im Menschenleben durch den "Kampf ums Dasein" gewissermaßen alles de natura geregelt würde. Da es sich jedoch zeigte, daß der sich selbst überlassene wirtschaftliche und soziale Konkurrenzkampf der Menschheit keineswegs nur zum Wohle ausschlug, wurden Gegenmaßnahmen nötig. Im Gegensatz zum Sozialismus lehnten die Sozialdarwinisten jedoch alle sozialen zivilisatorischen Maßnahmen mit der Begründung ab, daß sie zu einer biologischen Degeneration der Menschheit führen würden. Sie forderten, daß Staat und Gesellschaft in einem rassisch-fördernden, also die natürliche Auslese unterstützenden Sinne wirken müßten, nicht in einem rassisch-verderblichen, also human-zivilisatorischen. Hinter solchen, unter Berufung auf die Ergebnisse der modernen Naturwissenschaften als "wissenschaftlich-objektiv" bezeichneten Theorien verbarg sich das Bemühen, jede soziale Differenzierung biologisch zu erklären und damit die ökonomische und soziale Machtposition des Bürgertums (als des hauptsächlichsten Trägers solcher Anschauungen) auf eine natürliche Gesetzmäßigkeit zurückzuführen.

Die Skala der züchterischen oder "sozialhygienischen" Vorschläge der Sozialdarwinisten ging von der systematischen Bevölkerungsvermehrung, beispielsweise durch Zahlung von Mutterprämien und Stillgeldern, über eine an der Praxis der Tierzüchter orientierte Züchtung des Menschen, zum Beispiel durch Tötung der biologisch schwachen Neugeborenen, durch Heiratsverbote und Sterilisation bei ungünstiger Erbkonstellation, bis zu einer nach biologischen Prinzipien aufgebauten Staats- und Sozialordnung. Solchen Vorschlägen hatten später die führenden Nationalsozialisten — Hitler, Himmler und Darré — gedanklich nichts mehr hinzuzufügen. Mit Recht hat man darauf hingewiesen, daß der Sozialdarwinismus "zu den wenigen ideologischen Elementen" gehört, "die Hitler nicht nach machttaktischen Erwägungen beliebig manipulierte, sondern die ihn während seiner ganzen politischen Laufbahn beherrscht haben" (Zmarzlik). Nur wagten die meisten Sozialdarwinisten für ihre Zeit noch nicht, die tatsächlichen Konsequenzen der Menschenzüchtung und Vernichtung "minderwertiger Lebewesen" zu ziehen, sondern verwiesen sie in die Zukunft. Was auch immer der Grund für ihre "Zurückhaltung" gewesen sein mag — ein Rest von Humanitätsgefühl oder die Angst vor dem eigenen traurigen Mut: Durch ihre Lehren wurde der Mensch zum Züchter seiner selbst erhoben, beziehungsweise zum Objekt der Züchtung durch seinesgleichen herabgewürdigt. Freiheit und Würde des Menschen oder auch nur sein Einzelinteresse wurden der Erhaltung der Art oder — wie es bald unter dem Einfluß der Rassenlehre hieß — dem Rassenwohl untergeordnet. Mit diesem Einbruch des biologischen Naturalismus in die Politik unter dem Vorwand einer angeblich "neuen Sittlichkeit" war die Wirklichkeit des totalitären Staates bereits beschworen.

Die unerhörte geschichtliche Wirksamkeit des Sozialdarwinismus war aber erst gegeben durch seine Verknüpfung mit dem Rassismus.

Source: Helga Grebing, *Der Nationalsozialismus: Ursprung und Wesen*, 17. Aufl., Günter Olzog Verlag, München, n.d., pp. 7–9, abridged as indicated. (The 1st edn was published in 1959.) Reprinted by kind permission of the publishers.

Notes

die Art (pl. *Arten*) = (in this context) species.
die Auslese = (in this context) selection, natural selection.
tragend = (in this context) fundamental, basic.
lebenstüchtig = able to cope with life.
sich fortpflanzen = to reproduce (themselves).
herausgesiebt = (in this context) selected.
vererbbar = hereditary.
die Lehre = teachings, theory.
der Manchesterliberalimus = *laissez-faire* capitalism.
der Nationalökonom = economist, political economist.
Malthus: the economist Thomas Malthus (1766–1834) had written about the alleged inability of agriculture to keep pace with 'unchecked' population rises. His theory thus stressed scarcity of resources and the struggle for their distribution. Malthus remained enormously influential in Britain till the late nineteenth century, despite the fact that after the middle of the century his theory of population was quite irrelevant to the British economy.
de natura = (Latin) naturally, by nature.
regeln = to order, settle, resolve.
zum Wohle ausschlagen = to work out well, for the best.
rassisch-fördernd = eugenic, eugenist (lit. furthering the (good of the) 'race').
     See introductory section.
der Sinn = (in this context) direction.

rassisch-verderblich = dysgenic. (This is the jargon term in eugenics. The German term literally means something like 'racially ruinous'.)

unter Berufung auf + acc. = amid appeals to.

etwas (acc.) *auf etwas* (acc.) *zurückführen* = to ascribe something to something, to trace something back to something.

züchterisch = concerning breeding.

"sozialhygienisch" = eugenic, eugenist.

ging von . . . über . . . bis zu . . . = extended from . . . via . . . (up) to . . . (if translating, try using 'included' + list).

die Mutterprämie = (lit.) premium for motherhood. In view of the fact that it was intended as a bribe it seems highly inappropriate to translate the term as 'child benefit' or 'maternity grant'.

die Stillgelder (pl.) = payments to nursing mothers.

die Erbkonstellation = genetic 'constellation'.

Darré: Richard Walter Darré (1895–1953), Nazi politician, Minister of Food and Agriculture, 1933–42. In 1933 he established the *Reichsnährstand* as the official organization for German farmers and peasants. He was obsessed with breeding. (See illustration on p. 141).

beliebig = ad lib, as took his fancy.

verwiesen sie in die Zukunft = (in this context) left them for future generations to decide.

die Rassenlehre = (in this context) eugenics.

beschworen = (in this context) conjured up.

25. Rassenhygiene auch in der Heiratsurkunde***

After 1935 marriage certificates in Nazi Germany were available only in a brown booklet. This contained several blank sheets for the reconstruction of the family trees of both parties and also blanks for the children of the marriage. In addition, it contained several articles, of which the one reprinted below is the most significant from an ideological point of view.

'Racial hygiene', or eugenics — a biological political programme based on a particular interpretation of Social Darwinism — was central to Nazi ideology (see preceding text). Many of the general outlines of the programme — in particular the extermination of the Jews — are well known. As far as 'the Germans' were concerned, the

'Nordic' types. (above, left) Kinder, Kirche Küche, Detail from the 20 RM note dated 16.6.1939. (below, right) Hitlerjüngling. Detail from the 5 RM note issued on 1.8.1942.

Nazis were very keen to 'improve' the quality of the 'stock'. This included systematic attempts to breed 'Nordic types' (see illustrations above and on p. 98) and to exterminate incurables and the mentally ill. In the article below, which was intended for a mass readership, there is no mention of these aspects of Nazi eugenics. Instead, they are simply glossed over in one sentence: 'Die rassenhygienischen Maßnahmen, die zur Erhaltung und Gesundung unseres Volkes nötig sind, sind zum großen Teil Aufgabe des Staates, worauf hier nicht eingegangen werden kann'.

Rassenhygiene oder Eugenik bedeutet die Pflege des Ahnenerbes. Aus dem Erbe unserer Ahnen stammt die Wurzel unseres Wesens, unserer geistigen und körperlichen Eigenart. In der erblichen Veranlagung liegt auch das, was man Rasse nennt, begründet. Wenn wir den Begriff Rasse nicht zu eng fassen, so ist er gleichbe-

Part of the Kriegerehrenmal, Stralsund, *completed in 1935. The sculptor was*
Georg Kolbe (1877–1947). Those who see in Fascism repressed homosexuality can
have a field-day with this. On one level the figures do not look human — nor are
they really meant to; but note how the two hands hold the hilt of the sword, for
example.

deutend mit dem Erbstrom, aus dem die Gleichartigkeit der aufein-
anderfolgenden Geschlechter fließt. Die Bestandteile der Erbmasse
bewahren ihre Eigenart durch unabsehbare Geschlechter. Erziehung und Bildung, so wichtig sie sind, ändern die Erbmasse nicht.
Ein Kind kann nur zu solchen Fähigkeiten erzogen werden, zu
denen es eine ererbte Begabung schon mitbringt; und in jeder
Geschlechterfolge muß die Erziehung von vorn anfangen. Dennoch
ist die erbliche Veranlagung eines Volkes nicht unveränderlich.
Wenn die hochgearteten Erbstämme sich schwächer fortpflanzen,
das heißt weniger Kinder haben, als die minder hochgearteten, so ist
eine Verschlechterung der Rasse, eine Entartung, die Folge. In der
Gegenwart reicht die gesamte Geburtenzahl unseres Volkes nicht
mehr zur Erhaltung des Bestandes aus. Jene Sippen dagegen, aus
denen die schwachsinnigen Hilfsschüler stammen, pflanzen sich
wesentlich stärker fort. Es ist also nicht nur ein zahlenmäßiger
Schwund des Bestandes unseres Volkes, sondern auch eine gewisse
Entartung bereits im Gange. Wenn es nicht gelingt, dem Nieder-
gang durch eine tatkräftige Rassenhygiene Einhalt zu tun, so wird
das Schicksal unseres Volkes in wenigen Geschlechterfolgen besiegelt sein.

Die rassenhygienischen Maßnahmen, die zur Erhaltung und
Gesundung unseres Volkes nötig sind, sind zum großen Teil Auf-
gabe des Staates, worauf hier nicht eingegangen werden kann. Aber
auch der einzelne Volksgenosse und das einzelne Ehepaar kann und
muß dabei mithelfen. Der einzelne Mensch hat es zwar nicht in der
Hand, seine Erbmasse zu verbessern; die erbliche Veranlagung
seiner zukünftigen Kinder ist aber gleichwohl nicht ganz seiner
Macht entzogen. Die Kinder bekommen ja ihre Erbmasse nur zur
Hälfte von ihm selber, zur anderen Hälfte von dem anderen Eheteil.
Daher bedeutet die Ehewahl eine ungeheure Verantwortung vor
den kommenden Geschlechtern und vor der ganzen Rasse. Die
wichtigste, wenn auch gewiß nicht einzige Bedingung einer guten
Ehewahl ist geistige und körperliche Gesundheit. Da die Heiratslu-
stigen selber sich über die Gefahr des Auftretens erblicher Krankheiten bei den zu erwartenden Kindern meist kein zuverlässiges
Urteil bilden können, sollten sie womöglich schon vor einer beab-
sichtigten Verlobung einen sachverständigen Arzt um Rat fragen.

Aber auch wenn die Ehe schon geschlossen ist — und die meisten
von denen, die zum ersten Male diese Zeilen lesen, sind wohl jung
verheiratete Paare — kann rassenhygienischer Rat noch von großem
Wert sein. Jedes an Leib und Seele gesunde Ehepaar hat den

Wunsch, die Familie nicht aussterben zu lassen. Dazu genügt aber ein "Stammhalter", wenn er das einzige Kind bleibt, nicht. Auch zwei Kinder reichen im Durchschnitt zur Erhaltung des Stammes nicht aus. Da manche Kinder im jugendlichen Alter sterben, andere ledig bleiben und auch von den heiratenden ein Teil keine Kinder bekommt, genügen erst drei lebende Kinder knapp zur Erhaltung des Stammes. Gesunde und begabte Ehepaare sollten daher mehr als drei Kinder aufziehen, ganz besonders jene, deren schon vorhandene Kinder gut gedeihen. Sie brauchen nicht zu befürchten, daß für diese Kinder kein Lebensraum vorhanden sein werde; denn infolge des bisherigen Geburtenrückganges wird in zwei bis drei Jahrzehnten die junge Generation nur noch zwei Drittel so zahlreich sein wie die gegenwärtige. Die Mitglieder tüchtiger Familien sind es eben ihrer Familie schuldig, sie nicht aussterben zu lassen. Auch für den Einzelnen liegt im Blühen der Familie das höchste dauernde Glück. Wieviele Eltern verlieren nicht durch den Tod ihres einzigen oder ihrer einzigen zwei Kinder den wesentlichen Sinn ihres Lebens!

Voraussagen über die Beschaffenheit künftiger Kinder sind umso zuverlässiger möglich, je mehr über die Erbanlagen der väterlichen und der mütterlichen Familie bekannt ist. Es ist nicht nötig, daß die Abstammungslinien bis in die graue Vorzeit auf ferne Ahnen zurückgeführt werden, von denen man kaum mehr als den Namen kennt. Der Nichtfachmann ist auch nicht in der Lage, alle medizinisch und erbbiologisch wichtigen Feststellungen zu machen. Es ist schon viel gewonnen, wenn in dem Familienstammbuch von den Eltern des Mannes und der Frau und ebenso von den Großeltern Namen und Herkunft, Geburtstag, Todesjahr und Beruf verzeichnet sind. Für diese Eintragungen sind die Seiten 34 und folgende bestimmt.

Darüber hinaus sind Aufzeichnungen über die Lebensschicksale, insbesondere Leistungen, Charaktereigenschaften, Begabungen, auch über die wichtigsten Krankheiten wertvoll. Solche Tatsachen können auf den Seiten 44 bis 46 und, wenn der Platz nicht reicht — was hoffentlich oft der Fall sein wird — in besonderen Beilagen aufgezeichnet werden. Für Zwecke der rassenhygienischen Eheberatung genügt es meist, wenn die Familiengeschichte bis auf die Großeltern zurückverfolgt wird. Die Kenntnis der Beschaffenheit der übrigen Nachkommen der Großeltern, also der Geschwister der Eltern und ihrer Kinder, ist wichtiger als die der Urgroßeltern und weiterer Ahnen. Mit einem Vetter hat man im Durchschnitt ebensoviel an Erbmasse gemeinsam wie mit einem Urgroßvater, mit Geschwistern der Eltern, also rechten Onkeln und Tanten, ebensoviel wie mit den Großeltern. Und da über Lebende leichter etwas Zuverlässiges festzustellen ist als über Verstorbene, ist die Beschaffenheit der genannten Seitenverwandten für die wahrscheinliche Beschaffenheit künftiger Kinder bedeutungsvoller als die der Ahnen. Besonders wichtig ist eine genaue Kenntnis der Geschwister.

Wenn unser Volk einsieht, daß eine gute Erbmasse, eine tüchtige Rasse, die Grundlage aller anderen nationalen Güter ist, und wenn diese Einsicht wirklich zur inneren Überzeugeng der Volksgenossen wird, dann — aber auch nur dann — wird die Gefahr des Unterganges unseres Volkes überwunden werden. So ist mein Wunsch, den ich dem Deutschen Einheits-Familienstammbuch mit auf den Weg gebe, der, daß es an der Rettung unseres Volkes, seiner Rasse und Kultur, zu seinem Teile mitwirken möge.

Source: F. Lenz, 'Die Familie im Dienst der Rassenhygiene', in *Deutsches Einheits-Familienstammbuch mit Sippen- und Ahnentafel*, Verlag für Standesamtswesen, Berlin, n.d. [1934 (?)], pp. 5–6.

Notes

die Rassenhygiene, die Eugenik = eugenics or sometimes 'racial hygiene', i.e. a programme for biological political action based on Social Darwinist ideology (see introductory section).
die Pflege = (in this context) maintenance.
das Ahnenerbe = (in this context) biological heritage.
der Erbstrom = 'stream of heredity'.
das Geschlecht (pl. *Geschlechter*) = (in this context) generation.
die Erbmasse = genotype(?)
die Geschlechterfolge = generation.
hochgeartet = biologically superior. (This term has been abandoned since 1945 on account of its Nazi connotations.)
der Erbstamm (pl. *Erbstämme*) = 'stock'. (This term has been abandoned since 1945 as it is heavily tainted with Nazi connotations.)
die Verschlechterung = deterioration.
der Bestand = (in this context) stock.
die Sippe = clan, family. This archaism, which was revived in the nineteenth century, was vigorously popularized by the Nazis. Except in a few compounds, such as *Sippenforschung* (= genealogy), it has been dropped in normal usage since 1945 because of its Nazi connotations.
schwachsinnig = feeble-minded, half-witted.
der Hilfsschüler = pupil at a school for subnormal children.
sich fortpflanzen = to reproduce oneself.
der Schwund = shrinkage.

Einhalt tun + dat. = to stem something.

auf etwas (acc.) *eingehen* = to go into detail (about something).

der Volksgenosse = a specifically Nazi term meaning 'fellow member of the German "race" ', 'one of "our German kith and kin" '.

der Stammhalter = son and heir.

der Stamm (pl. *Stämme*) = (in this context) family.

erbbiologisch = genetic.

die Feststellung = (in this context) observation.

Seiten 34 und folgende . . . Seiten 44 bis 46: this refers to some of the blanks in the booklet (see introductory section).

die rassenhygienische Eheberatung: this has nothing to do with marriage guidance in the normal sense but is purely concerned with the question of whether a couple are likely to produce children of 'good stock' in a Nazi, Social Darwinist sense.

rechter Onkel, rechte Tante = uncle, aunt by blood (rather than by marriage).

26. Auf der Straße*

This text is taken from a series of short sketches, 'Szenen aus dem Nazileben', written by Heinrich Mann (1871–1950) in 1933, shortly after emigrating from Nazi Germany. He is noted chiefly for his satirical novels, especially *Professor Unrat* and *Der Untertan*. In 1931 he was elected president of the literary section of the Prussian Academy, and in 1933 he was dismissed by the Nazis and stripped of his German citizenship. He was appointed president of the Academy of Arts in the German Democratic Republic in 1949, but died before he was able to take up the appointment.

Berlin, Nürnbergerplatz. Die Fassade eines Hauses ist von unten bis oben bedeckt mit dem riesenhaften Abbild des "Führers". Jeder Vorübergehende schleudert pflichtgemäß die Hand hinauf und ruft "Heil Hitler!"

Ein Mann ersucht einen anderen um Feuer. Während die Zigaretten einander berühren, springt der andere zurück.

"Sie haben mein Hakenkreuz bespuckt!"

"Ich? Im Gegenteil. Heil Hitler!"

"Das ist verkappter Marxismus. Ich muß Sie anzeigen." Zu einem S.A.-Mann: "Nehmen Sie den Mann mit! Er hat das Haken-kreuz angespuckt."

Der Beschuldigte: Ich bin Arier und Antimarxist. Lassen Sie mich, Kameraden! In den Spichernsälen bildet sich ein Zug der Arbeits-front. Ich muß mitgehn, als deutscher Unternehmer in Reih' und Glied mit deutschen Arbeitern!

Der S.A.-Mann: Halt mal! Das Hakenkreuz auf der Brust des anderen Mannes ist feucht. Ich stelle fest, daß das Speichel ist.

Der Beschuldigte: Meiner nicht!

Ein Zuschauer: Doch! Ich habe es gesehn.

Zweiter Zuschauer: Er hat den Herrn eigens um Feuer gebeten, damit er das Hakenkreuz bespucken konnte.

Der Mann mit dem Hakenkreuz: Habe ich es nicht gleich gesagt?

Der S.A.-Mann, zu dem Beschuldigten: Kommen Sie mal mit!

Der Beschuldigte schreit vor Angst: Nein! Ich will auch gestehn. Ich trage ein Gebiß. Es spuckt von selbst.

Der S.A.-Mann: Ihr Gebiß geht mich nichts an. Mitkommen!

Er packt ihn beim Arm.

Der Beschuldigte, verzweifelt: Heil Hitler!

Er bespuckt das Hakenkreuz des S.A.-Mannes.

Der S.A.-Mann: Auf frischer Tat! Du kommst ins Vorverhör, mein Junge. Bei unserem Sturm.

Der Verhaftete stößt ein Geheul aus, im Vorgefühl des "Vorverhörs" durch den "Sturm".

Der Zug der Arbeitsfront marschiert an dem großen Abbild vorbei. Einstimmiger Ruf: Hoch der Führer! Der Arbeiterfreund! Heil Volkskanzler!

Die gutgekleideten Herren, die im Zuge mitgehn, rufen lauter und schleudern die Hand höher als die Masse der schlechtgekleideten Männer.

Eine Frau, in einem Menschenhaufen, schüttelt die geballte Faust gegen das Abbild des "Führers": Ein Ausländer!

S.A.-Männer, die den Zug begleiten, fallen über sie her, sie verrenken ihr die Arme, bis sie aufheult.

Die S.A.-Männer: Beschimpfung des Führers! Du Marxistenbestie sollst uns kennen lernen.

Die Frau: Ich habe keinen Österreicher gemeint! Ich meinte einen Weißrussen. Der darf Hilfspolizei spielen und hat meinen Mann auf den Schädel geschlagen. Mein Mann wird vermißt. Ein Ausländer darf jetzt einen Deutschen ungestraft beseitigen.

Ein S.A.-Mann wendet den Aufschlag ihrer Jacke um. Darunter erscheint ein Sovjetstern.

Der S.A.-Mann: Da haben wir's.

Die Frau bekommt mit Gummiknüppeln einige über den Kopf und bricht zusammen.

Der wegen Spuckens Verhaftete ruft begeisterter als alle anderen: Totschlagen das Gesindel! Nieder mit Marx! Heil Hitler!

Der S.A.-Mann, der ihn verhaftet hatte: Warum haben Sie dann das Hakenkreuz bespuckt?

Der Verhaftete: Ganz unabsichtlich!

Der S.A.-Mann: Zweimal!

Der Verhaftete: Ein tragisches Verhängnis! Mein Gebiß —

Ein kleiner, dunkelhaariger Herr: Ich erbiete mich, den Fall wissenschaftlich aufzuklären. Ich bin Dentist.

Der S.A.-Mann: Sind Sie Jude?

Der Herr: Nur teilweise. Ich zähle zu den nachgedunkelten Schrumpfgermanen, wie unser Göbbels.

Der S.A.-Mann: Frechheit! Sie haben garnichts aufzuklären, besonders nicht wissenschaftlich, Wissenschaft ist verkappter Marxismus. Mitkommen!

Er läßt den Arm des wegen Spuckens Verhafteten los. Dieser springt sofort in den Zug der Arbeitsfront und betätigt sich in wilder Begeisterung.

Der dunkelhaarige Herr wird abgeführt unter wohlgezielten Fußtritten ins Rückgrat. Während der Platz sich leert, dringt aus einer anliegenden Straße sein furchtbares Geschrei.

Source: Heinrich Mann, "Auf der Straße", in "Szenen aus dem Nazileben", in *Der Haß: Deutsche Zeitgeschichte*, Aufbau-Verlag Berlin und Weimar 1983, pp. 151–3. (First published in the Netherlands in 1933.) Reprinted by kind permission of the publishers.

Notes

schleudern = (in this context) to fling.
jemanden um Feuer ersuchen = to ask someone for a light.
das Hakenkreuz = swastika.
anzeigen = to report, denounce.
die Spichernsäle: a large meeting-house near the Nürnbergerplatz, where this sketch is set.
die Arbeitsfront: after the *Machtergreifung*, and more particularly after the

Ermächtigungsgesetz (23 March 1933), the German trade unions were dissolved by force, their funds seized, and many trade unionists sent to concentration camps and/or murdered. In May 1933 trade unions were banned by decree and a few days later the *Deutsche Arbeitsfront* (DAF) was established by the Nazi régime as the official organization for German workers *and* employers. Headed by Robert Ley (1890–1945, when he committed suicide at Nuremberg in order to evade trial).

in Reih' und Glied = shoulder to shoulder.

eigens = specially.

das Gebiß = (in this context) dentures.

auf frischer Tat = (catch/caught) red-handed.

das Vorverhör = (lit.) preliminary questioning, interrogation, but in practice it meant a beating-up by the SA.

der Sturm = (in this context) SA platoon.

der Weißrusse = (lit.) Byelorussian; but the term was also used of *émigrés* from the Soviet Union. Many were fanatically anti-Communist and some were only too keen to try to make common cause with the Nazis.

der Sovjetstern: the standard spelling nowadays is *Sowjet-*.

die nachgedunkelten Schrumpfgermanen: none of the prominent Nazis (with the possible exception of Heydrich) bore much resemblance to the 'Nordic' types that they idolized. Efforts by a handful of quack anthropologists to persuade people that Hitler, Himmler, Göring and Goebbels were 'really' tall, blond, had blue eyes, and so on, cut no ice. The term *Schrumpfgermane* (lit. shrunken German) was popularly used with specific reference to Goebbels.

27. Herr Reichskanzler! . . . Wahren Sie die Würde des deutschen Volkes!***

On seizing power the Nazis unleashed a wave of terror against their opponents — and against the Jews.

The author of this text, Armin T. Wegner (1886–1978), had achieved a considerable reputation as a poet, novelist and journalist by the late 1920s and was particularly well known for his perceptive descriptions of various countries that he had visited, especially Turkey, the Soviet Union and Palestine. He was an instinctive champion of 'the underdog', including the working class, women and in particular the Armenians, of whom about one-and-a-quarter million were deliberately slaughtered by various Turkish governments between 1915 and 1922.

As a medical officer serving with the German Army in the Ottoman Empire in 1915–17 he had witnessed this hideous genocide at first hand.

In 1933 Wegner wrote to Hitler calling for an immediate halt to the Nazis' anti-Jewish policies and activities. It was intended as an open letter, but in April 1933 he was unable to find a German newspaper willing to publish it. Almost in desperation he sent it to Hitler personally. (As far as is known, he was the only German who protested to Hitler personally in this way.) He was arrested and sent to various concentration camps. When he was released in 1934 his creativity had largely been destroyed. He emigrated and ultimately settled in Italy in 1936 where he remained until his death. (His choice of country of refuge was determined by a combination of personal and financial factors — not by any liking of Fascist Italy.) After the Second World War he was awarded honours by the Federal Republic of Germany, Israel, Armenia and by his native city of Wuppertal (see also Text 9). See p. 108 for a photo of Wegner.

In order fully to understand this text it must be borne in mind that in 1933 it was not at all obvious that Nazi anti-Semitism would culminate in genocide.

Berlin, Ostermontag,
den 11. April 1933

Herr Reichskanzler! In Ihrer Bekanntgabe vom neunundzwanzigsten März des Jahres hat die Staatsregierung die Acht über die Geschäftshäuser aller jüdischen Bürger verhängt. Beleidigende Inschriften: "Betrüger! Nicht kaufen! Den Juden den Tod!" gemalte Wegweiser: "Nach Jerusalem!" — leuchteten an den Spiegelscheiben, Männer mit Knüppeln und Faustbüchsen hielten vor den Türen der Läden Wache, und zehn Stunden lang hat man die Hauptstadt zum Schauplatz der Belustigung der Massen gemacht. Dann, zufrieden mit dem Eindruck dieser höhnischen Maßregel hob man das Verbot des Handels wieder auf und die Straßen zeigten ihr gewohntes Bild. Aber ist, was nun folgte, nicht schlimmer? Jüdische Richter, Staatsanwälte und Ärzte werden aus ihren wohlverdienten Ämtern gestoßen, man sperrt ihren Söhnen und Töchtern die Schulen, treibt die Hochschullehrer von der Kanzel und schickt sie auf Urlaub, eine Gnadenfrist, die niemandem zweifelhaft sein kann,

beraubt die Leiter von Schauspielhäusern, Schauspieler und Sänger
ihrer Bühnen, die Herausgeber von Zeitungen ihrer Blätter, stellt
ganze Handbücher über jüdische Dichter und Schriftsteller zusammen, um unter ihnen die Wächter der sittlichen Ordnung des Tages
zur Stummheit zu verurteilen, und statt in seinen Geschäften trifft
man das Judentum dort, wo seine für die Gemeinschaft edelsten
Werte ruhen, im Geist.

[. . .]

Herr Reichskanzler, es geht nicht um das Schicksal unserer
jüdischen Brüder allein, es geht um das Schicksal Deutschlands! Im
Namen des Volkes, für das zu sprechen ich nicht weniger das Recht
habe als die Pflicht, wie jeder, der aus seinem Blut hervorging, als
ein Deutscher, dem die Gabe der Rede nicht geschenkt wurde, um
sich durch Schweigen zum Mitschuldigen zu machen, wenn sein
Herz sich vor Entrüstung zusammenzieht, wende ich mich an Sie:
Gebieten Sie diesem Treiben Einhalt! Das Judentum hat die babylonische Gefangenschaft, die Knechtschaft in Ägypten, die spanischen
Ketzergerichte, die Drangsal der Kreuzzüge und sechzehnhundert
Judenverfolgungen in Rußland überdauert. Mit jener Zähigkeit, die
dieses Volk alt werden ließ, werden die Juden auch diese Gefahr
überstehen — die Schmach und das Unglück aber, die Deutschland
dadurch zuteil wurden, werden für lange Zeit nicht vergessen sein!
Denn wen muß einmal der Schlag treffen, den man jetzt gegen die
Juden führt, wen anders als uns selbst? Wenn Juden deutsche Art
empfangen, unsern Reichtum gemehrt haben, so muß, wenn man
ihr Dasein zerstört, diese Tat auch notwendig deutsche Güter
vernichten. Die Geschichte lehrt uns, daß Länder, die Juden aus
ihren Grenzen verjagten, dies stets durch Armut büßen mußten,
daß sie der Verelendung und Mißachtung anheimfielen. Zwar
schlägt man die Juden nicht mehr wie in den ersten Tagen auf der
Straße nieder, man achtet ihr Leben öffentlich, um es ihnen im
Geheimen auf qualvollere Weise zu nehmen. Ich weiß nicht, wieviele der Nachrichten wahr sind, die man sich im Volke zuflüstert.
Ganze Stadtviertel werden der Plünderung preisgegeben, Inschriften flammen nachts über den Häusern auf, wimpelbehängte Last-
wagen mit singenden Soldaten jagen heulend die Straßen entlang,
und jedermann beobachtet mit Angst diesen Gießbach, der alles
fortzureißen droht. In Zeitungen und Bildern aber fügt man in der
schwersten Stunde, die man Menschen bereiten kann, zu der trauri-

Armin T. Wegner, the author of Texts 9 and 27, ca. 1932.
(Reproduced by kind permission of Irene Kowaliska-Wegner, Sybil Stevens
and Michael Wegner.)

gen Erniedrigung den Hohn. Hundert Jahre nach Goethe, nach Lessing kehren wir zu dem härtesten Leid aller Zeiten, zu dem blinden Eifer des Aberglaubens zurück. Besorgnis und Unsicherheit nehmen zu, die überfüllten Züge in das Ausland, Verzweiflungsklagen, Schreckensauftritte, Selbstmorde! Und während ein Teil des Volkes, das eine solche Haltung niemals vor seinem Gewissen verteidigen könnte, diesen Vorgängen zujubelt, in der Hoffnung auf einen Lohn, überläßt es die Verantwortung der Staatsregierung, die diese Maßregeln in kalter Austreibung fortsetzt, vielleicht noch schlimmer als ein Gemetzel, ja weniger entschuldbar als dieses, weil sie das Ergebnis ruhiger Überlegung ist und nicht anders enden kann, als in einer Selbstzerfleischung unseres Volkes.

Denn was muß die Folge sein? An die Stelle des sittlichen Grundsatzes der Gerechtigkeit tritt die Zugehörigkeit zu einer Art, einem Stamm. Was bisher im Leben des Volkes für die Verteilung der Ämter als entscheidend galt, waren nicht der Glaube noch die Sippe, sondern allein die vollendete Tat. Sie selbst haben den schöpferischen Geist als das kostbarste Besitztum eines Volkes gepriesen, als seine edelsten Kräfte seine Erfinder und Denker. Von nun an aber wird auch der Untüchtige, der Gewissenlose sich sagen dürfen: nur weil ich nicht Jude bin, werde ich dieses Amt bekleiden, mein Deutschsein genügt, ja, ich kann hinter seinem Schild vielleicht ungestraft eine üble Handlung begehen.

[. . .]

"Es gibt nur einen wahren Glauben", ruft der weise Immanuel Kant aus der Gruft seines hundertjährigen Grabes Ihnen zu, "wenn es auch verschiedene Bekenntnisse geben mag." Folgen Sie dieser Lehre, die Ihnen auch das Verstehen jener offenbaren wird, die Sie heute bekämpfen. Was wäre ein Deutschland ohne Wahrheit, Schönheit und Gerechtigkeit? Zwar wenn einmal die Städte zertrümmert liegen, die Geschlechter verbluteten, wenn die Worte der Duldsamkeit für immer verstummten, werden die Berge unserer Heimat noch zum Himmel trotzen und über ihnen die ewigen Wälder rauschen, aber sie werden nicht mehr von der Luft der Freiheit und Gerechtigkeit unserer Väter erfüllt sein. Mit Scham und Verachtung werden sie von den Geschlechtern künden, die nicht nur das Glück des Landes leichtfertig auf das Spiel setzten, sondern auch sein Andenken für immer geschändet haben. Wir wollen Würde, wenn wir Gerechtigkeit fordern. Ich beschwöre sie! Wahren Sie den Edelmut,

den Stolz, das Gewissen, ohne die wir nicht leben können, wahren
Sie die Würde des deutschen Volkes!

Source: Armin T. Wegner, 'Die Warnung, 1933' in *Fällst du, umarme auch die
Erde; oder Der Mann, der an das Wort glaubt*, Peter Hammer Verlag,
Wuppertal, 1974, pp. 186–95 (abridged as indicated). Reprinted
by kind permission of Irene Kowaliska-Wegner, Sybil Stevens and
Michael Wegner.

Notes

die Bekanntgabe = announcement.

die Staatsregierung = the government.

die Acht über + acc. *verhängen* = (in this context) to impose a boycott on (lit.
to outlaw). The author is referring to the boycott of Jewish-owned shops
and businesses organized by the Nazis on 1 April 1933.

leuchten = shine.

die Spiegelscheibe = (in this context) window, shop-window.

die Faustbüchse = small pistol or revolver.

werden aus ihren wohlverdienten Ämtern gestoßen: this refers to the decrees of 1, 4,
and 7 April 1933 which banned Jewish lawyers from practising in courts
of law and which dismissed Jews from employment in the public sector.
These were the first five of 430 (!) anti-Jewish decrees and laws issued by
the Nazi régime in respect of Jews in Germany. (If one were to add
decrees issued in the territories annexed and occupied by the Nazis the
number would run to several thousands.) These very early decrees
provided for a range of exemptions, however.

eine Gnadenfrist, die niemandem zweifelhaft sein kann = a 'period of grace' whose
significance cannot be of doubt to anyone.

zur Stummheit verurteilen = to condemn to silence.

das Judentum = the Jews.

der Geist = (in this context) the world of the intellect.

wie jeder, der aus seinem Blut hervorging = as everyone born of its stock (or
blood).

Einhalt gebieten + dat. = to put a stop to something.

das Treiben = (in this context) behaviour, activities.

die babylonische Gefangenschaft = captivity in Babylon. This refers to the
deportation of large numbers of the ancient Israelites to Babylon (Meso-
potamia) by Nebuchadnezzar in two waves, in 597 and 586 BC. The
Israelites were allowed to return to Palestine, but many did not do so
immediately — or at all.

die Knechtschaft in Ägypten = slavery in Egypt.

die spanischen Ketzergerichte: this refers to the courts of the Spanish Inqui-
sition. (These courts were particularly suspicious of Jews who had been
converted to Christianity.)

die Drangsal der Kreuzzüge = the oppression of the crusades. A mediaeval
crusade was scarcely complete without a massacre of Jews — and often

fellow-Christians, too. (The crusades were glorified in the nineteenth century, but were, in fact, squalid, thoroughly unromantic affairs.)

Judenverfolgungen in Rußland: Tsarist Russia had been notorious for its vicious Jew-baiting and pogroms. These were generally instigated by the Tsarist régime, sometimes aided and abetted by priests of the Russian Orthodox Church.

zuteil werden + dat. = something (or someone) is accorded to someone (or something) [dat.].

deutsche Art empfangen = to adopt a German way of life, German values.

deutsche Güter = (in this context) German assets.

anheimfallen + dat. = to fall victim to.

man achtet ihr Leben öffentlich = their lives are respected in public (in other words, at this stage, Jews were no longer being beaten to death in the streets).

Inschriften flammen nachts über den Häusern auf = illuminated slogans appear at night above the houses.

wimpelbehängt = bedecked with pennants.

In Zeitungen und Bildern aber fügt man in der schwersten Stunde, die man Menschen bereiten kann, zu der traurigen Erniedrigung den Hohn = and as if it were not enough to subject the Jews to degradation and to the gravest plight possible, they are also being subjected to mockery in newspapers and cartoons.

Lessing: Gotthold Ephraim Lessing (1729–81) is widely acknowledged as the leading literary representative of the German Enlightenment. He wrote *inter alia* a play, *Nathan der Weise* (1779), in which the hero is a Jew and in which he put forward a vigorous plea for religious toleration.

der blinde Eifer = bigotry.

die Schreckensauftritte = (in this context) public panic, scenes of panic in public.

in kalter Austreibung = (in this context) (thus) expelling the Jews in cold blood.

die Zugehörigkeit zu einer Art, einem Stamm = membership of a race or clan.

der Glaube = (in this context) religious faith.

die Sippe = (in this context) race, 'kith and kin'.

die vollendete Tat = (in this context) attainments, achievements.

ja, ich kann hinter seinem Schild vielleicht ungestraft eine üble Handlung begehen: a highly prophetic understatement!

Es gibt nur einen wahren Glauben, wenn es auch verschiedene Bekenntnisse geben mag = there is only one true faith, though there are different religions and denominations.

Kant: Immanuel Kant (1724–1804) is generally regarded as the leading philosopher of the German Enlightenment, despite the obscurity of some of his writings. Like Lessing, he was an exponent of religious (and racial) toleration and accepted Jews as students in his philosophy courses at the University of Königsberg. He is also well known for his treatise arguing the case for universal disarmament.

die Gruft (pl. *Grüfte*) = (in this context) vault.

die Geschlechter = (in this context) generations.

zum Himmel trotzen = stand defiantly against the sky.

künden von = to tell of.
der Edelmut = high-mindedness, magnanimity.

28. Dachau*

After the *Machtergreifung* (30 January 1933) the Nazi
leadership unleashed the SA and the SS on its enemies in
a campaign of violence that rapidly intensified, especially from early March 1933 onwards. The victims
included individuals against whom members of the SA
and the SS harboured personal grudges, Jews seized
more or less at random, and above all the Left — the
KPD, the SPD, various affiliated organizations and left-
wing trade unions. Victims were beaten, tortured and
sometimes killed — in SA 'barracks' and in the ran-
sacked offices of trade unions and socialist parties. Soon
temporary concentration camps (*wilde Konzentrationslager*) were set up in remote places, such as the mediaeval fortress of Hohnstein in the mountains of Saxony.
The first permanent concentration camp was established
at Dachau (near Munich) on 22 March 1933. (The Nazi
régime acted very quickly in this internal war against the
Left!)

Hans Beimler (1895–1936), the author of the text
below, was Secretary of the KPD in southern Bavaria
and a member of the *Reichstag*. He was arrested on 11
April 1933, savagely beaten at the police headquarters in
Munich and transferred to Dachau two weeks later. He
succeeded in escaping from the camp and in fleeing to
the Soviet Union. There the book from which this text is
taken appeared in August 1933 — probably the first
published account of conditions in Dachau. Hans Beimler joined the International Brigade in the Spanish Civil
War in 1936, played a major role in organizing the
German contingent, fell in action later that year and was
given a hero's funeral.

In the early weeks at Dachau the commandant and
guards generally tried to avoid murdering their victims
directly, partly because the legal position was unclear,

and partly because of the propaganda value of announcing that leading socialists had committed suicide. Thus these victims were tortured until they took their own lives. (This was soon to change, of course, and the open murder of prisoners became quite commonplace, culminating in routine mass murder in the large extermination camps set up by the Nazis in occupied Poland.) The text begins at the point where the commandant is becoming increasingly impatient with Beimler's outright refusal to commit suicide, despite having been very severely beaten at least twice a day for almost a fortnight. The text ends with his escape, omitting the section which describes how he obtained an extension of the deadline by which he was supposed to commit suicide.

Nachmittags gegen 2 Uhr machte mir der Kommandant, natürlich in Begleitung des Mörders Steinbrenner, wieder "Visite". Während Steinbrenner in die Zelle kam, blieb der Kommandant vor der Zellentür stehen, — beide Arme in die Hüften und die rechte Schulter gegen den Türrahmen gestützt. In der linken Hand hielt er eine nach rückwärts stehende Hundepeitsche. Dann fing er an, das zu wiederholen, was er mir schon öfter mit anderen Worten gesagt hatte:

"Na — Beimler — wie lange gedenkst du denn die Menschheit mit deinem Dasein zu belästigen? Ich habe dir schon einmal gesagt, daß du dir darüber klar sein mußt, daß du in der heutigen Gesellschaft, im nationalsozialistischen Deutschland ein überflüssiges Subjekt bist. Lange sehe ich jetzt nicht mehr zu."

Dann stieß er mit den Fingern gegen das auf der kleinen Bank liegende Tafelmesser und sagte:

"Das Messer hast du nicht etwa zum Brotschneiden bekommen — das gehört zu etwas anderem." —

Darauf erwiderte ich ihm:

"Herr Kommandant! — Ich bin seit 14 Jahren Mitglied der Kommunistischen Partei — und habe um mein und der Arbeiterklasse Leben gekämpft und bin auch jetzt nicht gewillt, freiwillig auf mein Leben zu verzichten. Wenn Sie der Meinung sind, daß ich überflüssig geworden bin, dann geben Sie den Befehl, daß ich erschossen werde — dann wird es gemacht werden. Ob sich dann an der weiteren Entwicklung etwas ändern wird, ist eine andere Frage." —

Er stellte sich dann vor mich und sagte:
"Schau nur her, — frech wird das Schwein auch noch!" — "Dich erschießen — nein, du Sau bist keine Kugel wert — dich lassen wir daherin verhungern."
Worauf ich ihm erwiderte:
"Herr Kommandant! Ich bin jetzt schon vier Wochen in Haft und bin schon zu dreiviertel verhungert, dann werde ich das andere Viertel auch noch überstehen."
Diese meine Antworten gingen dem Mörder Steinbrenner sehr stark auf die Nerven, und ich konnte es ihm aus der Fratze lesen, daß er mich am liebsten gleich erwürgt hätte. So sprang er auf mich zu und stieß mich wieder mit der Faust gegen die Brust an die Mauer. Als ich bei diesem Stoß, der mich ungemein schmerzte, "au" rief, sagte der Kommandant:
"Ei schau, schreien tut er auch noch" — und wandte sich lächelnd zu Steinbrenner mit den Worten:
"Schreien nützt nicht viel — bei uns geht's ganz lautlos und schnell" —
Sie hatten die Zellentür kaum zwei Minuten zugeschlossen, da wurde schon wieder aufgesperrt. — Der Mordbandit riß mich mit dem Wort: "Raus!" aus der Zelle und warf mich in die Zelle 4. Es war der erschütterndste Augenblick meines Lebens. *Vor meinen Füßen auf dem Steinboden lag die zerschundene, mit dicken Beulen bedeckte Leiche meines langjährigen Kampfgenossen Fritz Dressel.*
Der linke Arm lag ausgestreckt auf dem Boden, quer über den Vorderarm drei Schnitte, das Brotmesser daneben. — — —
Es war alles aufgeklärt, der Genosse wurde durch die unerhörte Quälerei *in den Tod getrieben*, wie das an mir und auch an den Genossen Götz und Genossen Hirsch geschah, dazu getrieben, Hand an sich zu legen. Er wurde dabei "unvorsichtigerweise" von einem Sturmführer gefunden, als er noch nicht verblutet war. Ein Gefangener, Dr. Katz, hätte den Genossen am Leben erhalten können. Doch der Wille des Kommandanten war, daß Dressel wieder vom Revier in die Zelle geworfen und dem Doktor untersagt wurde, den verwundeten Freund weiter zu behandeln, Man holte, um eine Behandlung vorzutäuschen, zwei SA-"Sanitäter." Am Abend des 7. Mai riß die Mörderbande den Verband von der Wunde, und der Genosse verblutete dann endgültig. Als Abschluß machten sie den Musikabend — den "Totentanz" — und besoffen sich zur eigenen Betäubung. — — —
Sollte ich vielleicht solange bei meinem toten Genossen in der

Zelle gelassen werden — bis ich es ihm gleichtat? — Wenn sie mich auch nach wenigen Minuten wieder aus der Zelle holten und in "meine" zurückbrachten, — so sollte ich doch gleich erfahren, warum sie mich in die Totenzelle geworfen haben.

"So!" — sagte der Verbrecher, im Lager als Kommandant bezeichnet — "so! jetzt hast du es wohl gesehen, wie man es macht. Du mußt nicht glauben, daß du deshalb zu deinem Freund hineingekommen bist, um ihn nochmals zu sehen und von ihm Abschied zu nehmen. Du solltest bloß sehen, wie man es macht, und daß er nicht so feig war. Er hatte mehr Charakter als du feige Sau." —

Von mir gingen sie fort und wiederholten mit dem Genossen Götz dasselbe, wie er es mir durch Zuruf bestätigte.

Nach wenigen Minuten erschienen sie wieder bei mir. Der Kommandant: "Also hast du dir's schon überlegt?" — worauf ich ihm erwiderte, daß sich meine Ansicht noch nicht geändert hat. Darauf sagte er zu mir:

"Ich will dir was sagen! Ich gebe dir bis 5 Uhr Zeit — jetzt ist es 3 Uhr, und wenn du es bis 5 Uhr nicht erledigt hast, dann wird's von uns erledigt!" — — —

Von mir raus, zu Götz rein.

Um 4 Uhr erschien wieder der Mörder Steinbrenner.

"Ich habe gehört, du willst dich aufhängen?" "Mir ist es gleich, was du machst, wenn du tatsächlich zu feige bist, das Messer zu benutzen." "Weißt du, wie man das macht?" — — —

Mit den Worten: "Ich glaube du bist nicht nur feige, sondern auch dumm", ging er auf die Holzpritsche zu und nahm eine der beiden Wolldecken in die Hände. Die Wolldecke nach der breiten Seite betrachtend, meinte er: "Das wird zu kurz" — drehte die Decke so, daß sie der Länge nach unten hing und mit der linken Hand die Decke von außen in einer Breite von ungefähr 10 Zentimeter festhaltend, fügte er hinzu:

"Schau genau her, daß du das siehst, wie es gemacht wird!" — Bei diesen Worten fing er an, mit der rechten Hand einen Streifen in der Breite von 10 Zentimeter abzureißen.

"Siehst du" — sagte er — "so wird's gemacht, wenn sich einer aufhängen will!" —

Nachdem er den Streifen in der ganzen Länge der Decke heruntergerissen hatte, machte er in das eine Ende einen Knoten, dann eine Schleife, und sagte:

"So! Jetzt habe ich dir alles getan, was ich tun konnte — mehr kann ich dir nicht helfen. Also du brauchst jetzt bloß mehr den Kopf hineinzustecken, das andere Ende in das Fenster hinhängen und alles ist fertig. In zwei Minuten ist alles erledigt. — Es ist doch nichts dabei — außerdem kommst du ja doch nicht mehr lebendig aus der Zelle raus. Der Befehl des Herrn Kommandanten muß ausgeführt werden." —

So redete er auf mich ein — in einem Ton, als ob irgend jemand einen Freund zu etwas überreden will, was für den Freund eine Wohltat wäre. —

[. . .]

Ohne Erregung "verließ" ich in der Nacht vom 8. auf den 9. Mai die Zelle, um jeden Augenblick die Kugel zu erwarten. Da ich eine Reihe günstiger Umstände ausnützen konnte, — gelang es mir unter höchster Todesgefahr, auf die ich mehr vorbereitet war als auf die gelungene Flucht, nicht nur den dreifachen Drahtverhau (der mittlere ist elektrisch geladen) zu durchbrechen, sondern auch die über zwei Meter hohe Mauer zu überwinden.

Als ich mich für eine Sekunde auf der Mauer stehend vergewisserte, ob mich nicht einer der drei SS Posten bemerkt hatte, und ich das Gegenteil feststellen konnte, — war mein einziger Gedanke: ob wohl der Mörder Steinbrenner und die ganze Mörderbande von Dachau ihre Genugtuung hatten — als ich am Morgen des 9. Mai weder erhängt — noch auch

"Zur Stelle"

war?

Source: Hans Beimler, *Im Mörderlager Dachau: Vier Wochen in den Händen der Braunen Banditen*, Verlagsgenossenschaft ausländischer Arbeiter in der UdSSR, Moscow and Leningrad, 1933, pp. 55–9, 62 (abridged as indicated).

Notes

Lange sehe ich jetzt nicht mehr zu = I'm running out of patience (with you), my patience (with you) is wearing very thin.

daherin: colloquial Bavarian expression for *hier drinnen* (= in here).

du Sau = you skunk. ('Sow' is rare as a term of abuse in English, and *Sau* is a much stronger term of abuse than 'swine'.)

die Fratze = mug, gob (the expression is generally regarded as vulgar).

zerschunden = battered, severely lacerated (lit. skinned).

Fritz Dressel: a KPD member of the Bavarian *Landtag*.

wie das an mir . . . geschah: here *das* refers only to *die unerhörte Quälerei*, not to *in den Tod getrieben* as Beimler did not commit suicide.

Sepp Götz: local Secretary of the KPD.

Hirsch: Josef Hirsch represented the KPD on the Munich city council.

der Sturmführer: a rank in the SS roughly equivalent to lieutenant.

das Revier = (in this context) sick-bay.

der Doktor: in South Germany *Doktor* is widely used colloquially for *Arzt*. In North Germany this usage is also found among older people.

der "Totentanz" = (lit.) Dance of Death. Steinbrenner and the other guards had celebrated Fritz Dressel's death with drink and music (!) the previous night.

es jemandem gleichtun = to do the same (as someone).

Du mußt nicht glauben: colloquially, *müssen* is sometimes used instead of *dürfen*.

die Holzpritsche = plank-bed.

der Streifen = strip (not to be confused with *die Streife* = patrol).

die Schleife = loop.

der Posten (pl. *die Posten*) = (in this context) guard.

"Zur Stelle" = military expression for present.

29. NS-Publizistik: Es schreibt ein NS-Parteibonze über Dachau**

The author of this text, Hans Dietrich (1898–?), who had been a politically active, ardent nationalist since the early 1920s, joined the Nazi party in 1923 and soon became a leading local party bigwig or *Parteibonze* in Coburg. In 1933 he became a member of the Bavarian *Landtag* and later that year a member of the *Reichstag*. He joined the SS, attaining the rank of *Standartenführer* (roughly equivalent to colonel). In June 1933 he went on a conducted tour of Dachau and wrote the newspaper article from which this text is extracted soon afterwards. In the article Hans Dietrich adheres to the official line that Dachau was some kind of reformatory institution or educational (!) establishment — at least when it suits his purposes.

A few minor corrections have been made to the punctuation of the original.

In einer anderen noch viel größeren Halle waren mit Rücksicht auf den strömenden Regen etwa 1000 Sträflinge (also etwa die Hälfte der etwa 2000 Mann betragenden Sträflingsbelegschaft des Dachauer Lagers) zum Appell angetreten, um Singen mit Treten auf der Stelle zu üben. "Liebe Lina, laß das Weinen!" donnerte es, als wir eintraten, so frisch und kräftig durch die Halle, daß wir der festen Überzeugung sein durften, sie wird es tatsächlich sein lassen. Als es allerdings dann ebenso zuversichtlich weiter im Text durch die Halle schallte: "Über's Jahr, wenn die Rosen blüh'n, werd' ich wieder bei dir sein!" konnten wir ein kleines skeptisches Lächeln nicht unterdrücken. Im Ernst gesagt: Was man hier an Menschenmaterial sieht, dem steht zum allergrößten Teile schon lesbar im Gesicht geschrieben, warum es in Dachau sitzt. 80 bis 90 Prozent dieser 2000 Sträflinge — dieser erschütternde Eindruck muß bei jedem in rassischen Dingen klar sehenden Besucher unabweisbar entstehen — sind verbastardierte Promenadenmischungen mit jüdischem, negerischem, mongolischem oder — der Teufel mag es wissen — sonst welchem Bluteinschlag. [. . .]

Bei manchen werden — um an das bei unserem Eintritt in die Halle gesungene schöne Soldatenlied wieder anzuknüpfen — noch einige Male "die Rosen blühen müssen, bis sie wieder bei uns sind," bis der Dachauer Kuraufenthalt sie einigermaßen geheilt und zu halbwegs nützlichen Gliedern der deutschen Volksgemeinschaft wieder gemacht hat. Und wiederum bei manchen wird auch die geradezu fabelhafte Dachauer Kur nicht helfen. Wohl hat unsere wackere SS im Dachauer Lager auch ihnen — wie allen anderen — Sinn für Zucht, Sauberkeit und Kameradschaft beigebracht. [. . .] Bei diesem Teil der Dachauer Gesamtbelegschaft wird, wie gesagt, Hopfen und Malz verloren sein, wird das fremde, zwiespältige Blut in ihnen zwangsläufig sofort wieder rebellieren, wenn dieser heilsame und läuternde Zwang zu Ende ist. Und diese hoffentlich wenigen sind es, die geradzu zwingen, das Problem der Unfruchtbarmachung, der zwangsweisen Verhinderung jeglicher weiterer Fortpflanzung aufzurollen. Sie brauchen nicht zu sterben, aber *aus*sterben sollen sie! Wenn dieser kranke, weil fremde Teil unseres deutschen Blutes einst spurlos ausgetilgt und verschwunden sein wird, erst dann wird die Zukunft unseres Volkes endgültig gesichert sein! Ob für diese — wie schon gesagt hoffentlich wenigen — Dachau eine dauernde Heimat werden wird, entzieht sich unserer Kenntnis und ist auch sicherlich noch nicht entschieden.

Das eine scheint aber bereits entschieden zu sein: Das Lager Dachau an sich *bleibt eine Dauer-Einrichtung als ernste Warnung und als drohendes Damoklesschwert* für alle diejenigen, die — wie einer der Führer der Dachauer SS-Wachmannschaft sich uns gegenüber ausdrückte — "noch frei herumlaufen, obwohl sie schon längst nach Dachau gehören und auf die wir mit Sehnsucht warten." [. . .] All dies weist eindeutig darauf hin, daß das Lager Dachau eine ständige Einrichtung wird, eine Erziehungsanstalt für alle diejenigen, gleich welcher Rasse, welchen Glaubens und welchen Standes, die nicht begreifen wollen, daß das Dritte Reich endgültig und unabweisbar angebrochen ist.

[. . .]

Alles in allem, Dachau ist heute nicht mehr eine Episode, es ist ein Programm und eine Parole für alle, die weder guten Glaubens noch guten Willens sind: "Durch Dachau zum Nationalsozialismus und zum Dritten Reich!"

Source: Hans Dietrich, 'Besuch in Dachau', *Coburger Zeitung*, 28 June 1933 (abridged as indicated).

Notes

der Sträfling (pl. *Sträflinge*) = convict. (Of course, the inmates of Dachau and the other concentration camps were sent there without trial and were therefore not convicts, but prisoners.)

die Sträflingsbelegschaft = complement of inmates, prisoners.

zum Appell antreten = to line up for roll-call.

"Liebe Lina, laß das Weinen": the editor has been unable to discover anything about this song. This line means 'Beloved Lina, stop crying'.

sie wird es tatsächlich sein lassen = (that) she really will stop it (i.e. stop crying).

warum es in Dachau sitzt = why they are in Dachau.

unabweisbar = incontestably.

verbastardierte Promenadenmischungen = mongrel bastards produced by irresponsible couples who 'had it away' in the bushes.

der Bluteinschlag = streak (of 'blood').

wieder anknüpfen an + acc. = (in this context) to return to (the song).

die fabelhafte Dachauer Kur = the fabulous Dachau course of treatment.

wird . . . Hopfen und Malz verloren sein = all efforts (lit. hops and malt) will be a complete waste of time.

zwiespältig = mixed.

heilsam = wholesome.

läuternd = purifying.

der Zwang = (in this context) discipline.

entzieht sich unserer Kenntnis = we do not know.

30. Widerstand der Linken*

Resistance in Germany itself to the Nazi régime was, it seems, somewhat more widespread than is often assumed. Much of it consisted of actions by isolated individuals, and often it was a matter of helping individual victims of the régime or of protest (see, for example, Text 27 and the etching on p. 122). As for organized resistance, the unsuccessful attempt to assassinate Hitler and overthrow the régime on 20 July 1944 is well known, as is also opposition from groups within the churches. In Western Europe, however, relatively little is known about working-class resistance. The central organizations of the trade unions, the KPD and the SPD, were of course largely destroyed in 1933, but at local level small-scale left-wing groups were able to form again (or remain at least partly intact), albeit on a much reduced scale. The text below consists of the first side of a pamphlet issued early in March 1944 by the Schumann-Engert-Kresse-Gruppe in Leipzig.

Widerstand
gegen Krieg und Naziherrschaft

Der Ruf unserer Ahnen

Ulrich von Hutten:

Wir wollens halten insgemein
Laßt doch nit streiten mich allein.
Erbarmt euch übers Vaterland,
ihr werten Teutschen, regt die Hand.

Friedrich Schiller:

Wenn der Gedrückte nirgends Recht kann finden,
wenn unerträglich wird die Last —
greift er hinauf getrosten Mutes in den Himmel
und holt herunter seine ewgen Rechte.

Schluß mit dem Hitlerkrieg!
Für ein freies, unabhängiges Deutschland!

In allen Kreisen des deutschen Volkes wächst die Erkenntnis: Hitler hat den Krieg verloren. Seine Fortsetzung erfordert nur weitere vergebliche Opfer, weitere Zerstörung von Produktions- und Wohnstätten. Gegen diesen Wahnsinn muß sich das ganze Volk erheben. Es geht um den Bestand der Nation. Alle Kräfte müssen zur Rettung von Volk und Heimat eingesetzt werden. Waren es zuerst nur einzelne und vor allem klassenbewußte Arbeiter, die unerschrocken gegen Hitlers Kriegspolitik ankämpften, so sind es heute schon viele. Es geht vorwärts trotz alledem, trotz Gestapo und Naziterror. Die bisher gebrachten Opfer sind nicht umsonst gefallen. Getragen von einer breiten Welle mitleidlosen Hasses gegen die Kriegsverbrecher, ist eine wirkliche Volksfront im Entstehen. Ihre Kerntruppe ist die Arbeiterklasse. Sie trägt die Hauptlast des Kampfes und verfügt über große Kampferfahrungen. Mit ihr müssen sich alle anderen Antifaschisten verbünden und in der

Private protest: New Year's greeting etching by the artist Marcus Behmer (1879–1958) for 1934. Note the parody of the Fascist salute, the skull — and the butterfly, which represents transitoriness.

Widerstandsbewegung Freies Deutschland

zusammenschließen. Deutschland kann nur durch Deutsche gerettet werden!

Die "Widerstandsbewegung" ist keine Partei, sie fragt nicht nach Rang und Stand, ihr ist der Glaube und die Weltanschauung jedes einzelnen gleichgültig, denn sie will die Zusammenfassung aller Kräfte und ihre Ausrichtung auf den Sturz der Nazis, weil nur so der Krieg beendet werden kann. Schaffende in Stadt und Land! Ungeachtet der Verschiedenartigkeit eurer wirtschaftlichen Interessen, über alle politischen und konfessionellen Streitfragen hinweg, müßt ihr euch für die Verwirklichung nachstehender Programmpunkte einsetzen:

1. Sturz des Naziregimes.

2. Bildung einer Volksregierung.
3. Beendigung des Krieges. Anbahnung eines Friedens, der Deutschlands Freiheit und Unabhängigkeit verbürgt.
4. Bündnis mit Sowjetrußland.
5. Wiederherstellung der Freiheit aller unterdrückten Völker.
6. Sühne aller im In- und Ausland verübten Naziverbrechen. Bestrafung der Kriegsverbrecher.
7. Auflösung der NSDAP und ihrer Untergliederungen. Auflösung der Geheimen Staatspolizei.
8. Freilassung aller politischen Gefangenen einschl. der von den Militärgerichten verurteilten Soldaten.
9. Wiederherstellung der demokratischen Volksrechte, wie: Freiheit der Meinung, der Presse, der Vereinigung und der Religionsausübung.
10. Wiedereinführung des Achtstundentages. Aufhebung der Dienstverpflichtungen und des Lohnstopps. Aufhebung der Zwangsarbeit für alle ausländischen Arbeitskräfte.
11. Umfassende Hilfsmaßnahmen für die Bombengeschädigten, die Opfer des Krieges und der revolutionären Erhebung.
12. Abbau aller Gesetze, die den Bauern das Verfügungsrecht über ihr Eigentum beschränken. Beseitigung aller Bestimmungen, die Handel, Handwerk und Gewerbe in ihrer Entwicklung hemmen.

Gegen Krieg und Verwüstung!

Für Frieden und Freiheit!

Gegen Mord und Brand!

Für das Lebensrecht der Völker!

Für unser freies, unabhängiges deutsches Vaterland!

Source: Ilse Krause, *Die Schumann-Engert-Kresse-Gruppe. Dokumente des illegalen antifaschistischen Kampfes (Leipzig 1943 bis 1945)*, Institut für Marxismus-Leninismus beim Zentralkomitee der SED, Dietz Verlag Berlin, 1960, pp. 133–6. Reprinted by kind permission of the publishers.

Notes

Ulrich von Hutten, Friedrich Schiller: Ulrich von Hutten (1488–1523) and Friedrich Schiller (1759–1805) were staunch opponents of tyranny and, in their different ways, rebels, as well as poets.
die Erkenntnis = recognition (that, of the fact that).
der Bestand = continued existence.

die Heimat = (in this context) our country.

einsetzen = (in this context) to deploy.

Die bisher gebrachten Opfer: this refers to those who have died fighting or resisting the Nazis on the home front, not to soldiers who have fallen fighting foreign enemies.

die Volksfront = popular front.

die Widerstandsbewegung Freies Deutschland: this socialist association of various resistance groups was rather smaller than the text seems to imply.

die Zusammenfassung = (in this context) union.

die Ausrichtung = alignment.

konfessionell = denominational.

die Sühne = atonement (for).

Abbau aller Gesetze: the Nazis had believed on ideological grounds that a large peasantry was essential for the well-being of Germany and had passed laws forbidding peasants to sell their smallholdings.

31. Aus dem Kirchenkampf***

After seizing power the Nazis sought to gain control of most major institutions in Germany (and many lesser ones, too). In 1933–4 the Nazi régime reorganized the Protestant churches in Germany, partly by decree and partly by rigged elections and other means. The immediate objective was to fill all important posts with *Deutsche Christen*. These were Nazi theologians, clergymen and churchgoers who wanted to make Christianity specifically 'German'. In particular they wanted to rid Christianity of so-called 'Judaistic elements'. This meant discarding the Old Testament and eliminating what they called 'servility', by which they meant the fundamentals of Christian morality, especially charity, and awareness of sin. (They took great exception to the Sermon on the Mount and St Paul's epistles.) They also demanded that converts from Judaism and their descendants should be put in special congregations. Christ, in their eyes, was simply some kind of heroic warrior! Some, including the *Reichsbischof* Ludwig Müller (1883–1945), went even further (see text below).

Initially, resistance was local but was subsequently co-ordinated, especially in Berlin, Westphalia and the

Rhineland, and those who resisted organized themselves into the *Bekennende Kirche*. This term is normally translated as the 'Confessing Church' — which is unlikely to convey anything to an English-speaking reader: essentially it means the 'Church taking a firm stand on its faith'. For a few years (*c*.1934–7) the *Bekennende Kirche* was the largest organized resistance movement operating within Germany, but in the late 1930s its central organization was largely destroyed by the Gestapo; and with the outbreak of war its leaders dispersed. In assessing the significance of the *Bekennende Kirche* as a resistance movement two points must be borne in mind: first, the overwhelming majority of its members saw their resistance as spiritual, not political; second, given the prevalence of *Kirchengängerei* in Germany at the time, especially among the middle class and in rural areas, the régime did not unleash its full apparatus of terror in this particular case. Prominent members of the *Bekennende Kirche* included Dietrich Bonhoeffer (1906–45, when he was executed by the Nazis for alleged treason), Otto Dibelius (1880–1967) and Martin Niemöller (1892–1984).

Many Roman Catholics in Germany also resisted the Nazi régime, but the position of the Roman Catholic Church in Germany, as part of a large highly organized international body, was in many respects different from that of the Protestant churches. Many Christians, probably the majority, simply tried to remain neutral and avoid real conflict.

This text sets out clearly the incompatibility of Nazi ideology with Christianity without dwelling on the traditional rights of the Church.

Der Kirche ist das Amt gegeben, das die Versöhnung predigt, die Versöhnung, die durch Jesus Christus geschehen ist.

Man stellt nun von seiten der Deutschen Christen neben oder sogar über diesen Auftrag, den die Kirche hat, ein anderes Ziel. Die Kirche soll "die Volksgemeinschaft untermauern". Darum, so sagt man, muß sie sich in ihrer Gestalt, in ihrer äußeren Form, aber auch in ihrer Verkündigung dem Volke anpassen. So etwa hat ein einflußreicher Führer der Deutschen Christen gesagt: "Da wir mit dem Wort von der Buße bei unserm Volk nicht landen können", müssen wir zunächst andere Seiten des Evangeliums hervorkehren und betonen. Er hat damit vielleicht nur das, was schon vorher von einem noch einflußreicheren Führer der Deutschen Christen im Reich gesagt war, entschuldigen wollen: "Mehr verlangt der Herrgott nicht, als daß man seine Fehler einsieht und es das nächstemal besser macht. Gott wird im Gericht den einzelnen fragen, ob er sich bemüht habe, ein anständiger Kerl zu sein und seine Pflichten gegen die Volksgenossen zu erfüllen". (Ludwig Müller in seiner Rede in Karlshorst.) Ein anderes weitverbreitetes Wort des gleichen "Führers" lautet: "Mehr als Vertrauen will der liebe Herrgott nicht".

Wir fassen zusammen: Du mußt ein anständiger Kerl sein, deine Pflichten gegenüber deinem Volk erfüllen und im übrigen Gottvertrauen haben. Hilf dir selbst, so hilft dir Gott! Diese Töne, die wir immer wieder hindurchklingen hören durch die Predigten und Veröffentlichungen derer, die die alleinige Führung in unserer Kirche an sich gerissen haben, sind wirklich noch nicht das lautere und klare Evangelium, das der Kirche aufgetragen ist. Wenn diese Töne immer wieder und fast völlig ausschließlich in den Predigten laut werden, dann kann das, ja muß das zu heilloser Verflachung des Evangeliums führen.

Das ist doch wohl übertrieben, so will man vielleicht einwenden. Die Deutschen Christen sprechen doch auch von Jesus Christus. Das ist richtig. Doch in welchem Sinne sprechen sie meist von ihm? Bezeichnend ist, wie gerade in diesem Zusammenhang von Christus geredet wird: Kämpfe darum, daß du ein "anständiger" Mensch bist und bleibst, habe Vertrauen auf Gott, der dein Vater sein will, dabei kann dir Christus, der todesgetreue und todesmutige Kämpfer ein Ansporn und ein Vorbild sein.

Aber Christus ist doch nicht nur ein Wahrheitszeuge, oder der Wahrheitszeuge, der sein Zeugnis mit dem Tode besiegelt hat. — Christus ist und will sein dein und mein Heiland und Erlöser! [. . .]

Man ist heute dabei, aus dem wenigen Urkundenmaterial, das wir noch über die religiösen Anschauungen unserer nordischen Urväter haben, festzustellen, das Sündenbewußtsein sei etwas dem nordgermanischen Menschen Artfremdes; erst durch das Christentum sei es ihm aufgedrängt worden. Sollen wir daraus den Schluß ziehen, unserm Volk ein Christentum ohne Sündenbewußtsein zu predigen? Wenn wir das täten, dann würden wir den Herrn Jesus Christus verleugnen. Jesus Christus hat dem stolzen Freiheitsbewußtsein der Juden: "Wir sind nie jemandes Knechte gewesen!" sein unendlich ernstes und wahres Wort entgegengesetzt: "Wer

Sünde tut, der ist der Sünde Knecht!" (Joh. 8, 34).

Würden wir Christentum ohne Sündenbewußtsein predigen wollen, dann kämen wir auch in die recht gefährliche Nähe Alfred Rosenbergs. Alfred Rosenberg spricht in seinem weitverbreiteten Buch *Der Mythus des 20. Jahrhunderts* davon, daß das Christentum durch den "Juden" Paulus verfälscht sei, und kommt dabei zu folgendem Ergebnis: "So zog eine mit Knechtsseligkeit durchzogene Religion, geschützt durch die mißbrauchte große Persönlichkeit Jesu, in Europa ein" (S.76). Diesem Christentum, das er für ein völlig entstelltes Gebilde hält, setzt dann Alfred Rosenberg entgegen: "Heute erwacht aber ein neuer Glaube: Der Mythus des Blutes, der Glaube, mit dem Blute auch das göttliche Wesen des Menschen überhaupt zu verteidigen." (S.114). Das heißt also, wir sollen glauben, daß wir in dem Blut, das in unseren Adern fließt, eine Waffe haben gegen alle Verächter des Menschentums, eine Waffe, durch die wir beweisen und bewähren können; der nordische Mensch ist göttlichen Ursprungs und göttlichen Wesens! Rosenberg fährt fort: "Der mit hellstem Wissen verkörperte Glaube, daß das nordische Blut jenes Mysterium darstellt, welches die alten Sakramente ersetzt und überwunden hat." (S.114). Es ist durchaus folgerichtig, was Rosenberg sagt: Wenn man so, wie er das hier ausführt, an das nordische Blut glaubt, dann braucht man nicht mehr das Blut Jesu Christi, dann kann man ruhig damit aufhören, das heilige Abendmahl zu feiern, man hat ja das "Mysterium des nordischen Blutes".

Wenn wir solche programmatischen Sätze Rosenbergs hören, müssen wir uns doch ernstlich fragen: Wie ist denn nur möglich, daß der Reichsbischof in seiner für die Deutschen Christen programmatischen Rede im Berliner Sportpalast am 28. Febr. 1934 betont sagen konnte: "Pg. Rosenberg hat recht" (diese Worte sind im Druck der Rede dick gedruckt!)? Der Reichsbischof legt augenscheinlich großen Wert darauf, Alfred Rosenberg weitgehend recht zu geben. Aber er sagt in dieser Rede nirgends deutlich, wo und wie er, als verantwortlicher Vertreter des evangelischen Christentums — das beansprucht er doch zu sein — den religiösen Anschauungen Alfred Rosenbergs widersprechen muß!!!

Unser deutsches Volk kämpft einen Entscheidungskampf zwischen Christenglauben und nordgermanischer Religiosität. Der Kampf ist von vornherein aussichtslos, wenn nicht mit klaren Fronten gekämpft wird. Kompromisse und Verschleierungen können dabei nur heillosen Schaden anrichten. Es ist gefährlich, dem zu allem entschlossenen Feinde (Bergmann, Hauer usw.) mit freundlicher

Geste auf halbem Wege entgegenzukommen. Der Gegner kann diese freundliche Geste nur für ein Eingeständnis der eigenen Schwäche ansehen und wird mit der Wucht der von ihm aufgerufenen vitalen Kräfte des Blutes alle Wankelmütigen und Halben rücksichtslos überrennen. Solcher Verschleierungen und solches wankelmütigen Entgegenkommens macht man sich aber schuldig, wenn man unter den Schlagworten "volksnahe Kirche" und "artgemäßes Christentum" den eigentlichen Auftrag der Kirche vergißt oder ihn völlig in den Hintergrund treten läßt. Wir sind ungetreue "Botschafter an Christi Statt", wenn wir das Wort vom Kreuz umdeuten, um unserm deutschen Volk das Aergernis an dem für unsere Sünden gekreuzigten Heiland zu ersparen. Christus ist der Christus Gottes nicht deshalb, weil er ein todesmutiger und todgetreuer Kämpfer für die Wahrheit war, sondern deshalb, weil er "das Lamm Gottes" ist, "welches der Welt Sünde trägt".

Darum stellen wir unsern *Widerstand gegen das jetzige Gewaltregiment in der Kirche* auch unter das Wort: *Ich schäme mich des Evangeliums von Christo nicht; denn es ist eine Kraft Gottes, die da selig macht alle, die daran glauben.*

Source: Pfarrer van Randenborgh, 'Die Botschaft der Kirche und die sogenannte volksnahe Verkündigung der "Deutschen Christen" ' in *Die Iserlohner Bekenntnispfarrer an ihre Gemeinde*, Iserlohn, April 1934, pp. 10–12 (abridged as indicated). Reprinted by kind permission of Eckbert van Randenborgh.

Notes

NB. In German *Jesus Christus* is often declined with Latin case-endings, viz.:

    Nom.   Jesus Christus
    Acc.   Jesum Christum (rarely used)
    Gen.   Jesu Christi
    Dat.   Jesu Christo

In practice, German writers are often inconsistent in their use of these endings, as in this text. Moreover, other (incorrect Latinate) endings are sometimes found.

das Amt = (in this context) task, function, mission.
die Versöhnung = (in this context) atonement.
die Volksgemeinschaft = (German) 'racial community'.
untermauern = underpin, support.
die Verkündigung = preaching, proclaiming the Gospel.
die Buße = penitence, repentance.

landen = (in this context) to get anywhere, make headway.

hervorkehren = emphasize, stress.

der Herrgott = a familiar term for God, generally used by preachers who want to establish a 'back-slapping' relationship with their audience. When used in this way, *Herrgott* is stressed on the first syllable — unlike in swearing, where the second syllable is stressed.

im Gericht = (in this context) at the Last Judgement.

ein anständiger Kerl: this popular 'buzz-word' among the *Deutschen Christen* usually meant 'a good Nazi' rather than 'a good chap'.

die Volksgenossen (pl.) = kith and kin, fellow members of 'the German race'.

Ludwig Müller: see introductory section.

die die alleinige Führung . . . an sich gerissen haben: this refers to the *Deutschen Christen*.

heillose Verflachung = devastating oversimplification.

der Ansporn = incentive.

der Heiland = saviour.

der Erlöser = redeemer.

die Urväter = dim and distant ancestors.

etwas . . . Artfremdes = something alien to 'the German race'.

das Christentum = Christianity, not Christendom.

"Wer Sünde tut, der ist der Sünde Knecht!": in the *New English Bible* this is rendered as 'everyone who commits sin is a slave' and in the Authorized Version as 'Whosoever committeth sin is the servant of sin.'

Alfred Rosenberg: Alfred Rosenberg (1893–1946, hanged after conviction by the International Military Tribunal, Nuremberg, of crimes against humanity and war crimes) was the Nazi party's leading ideologue. His book, to which the text refers, is *Der Mythus des 20. Jahrhunderts: Eine Wertung der seelisch-geistigen Gestaltenkämpfe unserer Zeit*, Hoheneichen-Verlag, München, 1930. By 1939 763,000 copies had been printed. The page-references given in the text have been retained as the pagination of Rosenberg's book was never altered. Rosenberg held various offices in the Nazi régime, the last and most important being that of *Reichsminister für die besetzten Ostgebiete*.

die Knechtsseligkeit = spirit of servility.

durchzogen = (in this context) permeated.

mit hellstem Wissen = (in this context) with utter conviction.

das heilige Abendmahl = Holy Communion.

Pg.: this is an abbreviation for *Parteigenosse*, a term used by the Nazis in the sense of 'comrade' (for members of their own Party only).

wenn nicht mit klaren Fronten gekämpft wird = unless the battle-lines are clearly drawn.

die Verschleierung = (in this context) blurring.

heillos = disastrous.

Bergmann, Hauer usw.: the editor has been unable to establish anything about these people.

alle Wankelmütigen und Halben = all who waver and are half-hearted.

überrennen = (in this context) to overwhelm.

"artgemäßes Christentum" = 'Christianity in tune with "the German race"'.

"Botschafter an Christi Statt" = Christ's ambassadors.

das Wort vom Kreuz: this refers to Christ's call to human beings to repent and
be reconciled with God.

das Gewaltregiment = rule by force.

selig machen = to save (in the Christian sense).

32. Die bayerische Landeskirche betet für Volk, Führer und Vaterland (1935)*

The two texts below are taken from the prayer book
issued in 1935 by the Lutheran Church in Bavaria.
Politically, this particular *Landeskirche* (territorial church)
sought to steer a 'middle course' during the Nazi period.
This gives no indication of the position in individual
parishes, where there were enormous variations in this
respect; but at the official, central level it involved a
measure of accommodation with the Nazi régime, as is
apparent below. *Du, dein*, etc., refer to *God*, and *dein Reich*
to the *Kingdom of God*.

The headings for texts (a) and (b) are used in the
Bavarian prayer book itself.

(a) In schwerer Zeit

Herr, unser Gott. In dieser Zeit der großen Not unseres Volkes bist
du unsere einzige Hilfe. Deine Hand liegt schwer auf uns. Das Herz
ist voll von Sorge. Dunkel liegt unser Weg vor uns. Darum rufen wir
aus der Tiefe unserer Not zu dir: Verwirf uns nicht von deinem
Angesicht; um deiner Barmherzigkeit willen nimm dich unser
gnädig an und errette uns.

Für den Führer unseres Volkes und alle, die in dieser entschei-
dungsvollen Zeit zum Leiten und Regieren berufen sind, bitten wir
dich: Gib ihnen Kraft und Entschlossenheit, daß sie ihr verantwor-
tungsschweres Amt führen als Schützer des Rechts und Wahrer der
Würde unseres Volkes, in betendem Aufblick zu dir, in unerschütter-
lichem Vertrauen auf deinen Rat und Beistand.

Für unser ganzes Vaterland bitten wir dich: Tilge es nicht aus der
Reihe der Völker, die du zum Segen gesetzt hast: nimm seinen

Leuchter nicht fort, stoße es nicht in die Nacht der Knechtschaft.
Erbarme du dich der Alten und der Kinder, der Schwachen und
Kranken, der Armen und Arbeitslosen. Rüste deine Kirche aus mit
Kraft, zu trösten, zu heilen, zu helfen. Laß uns alle den Willen zur
Umkehr finden, daß wir als geläuterte Menschen aus dieser Zeiten
Dunkel hervorgehen.

Herr, du hast nicht Gedanken des Leides, sondern des Friedens
über uns. Gib uns deinen Frieden, gib den Frieden zurück unserem
friedlosen Volk. Herr, der du unseren Vätern gnädig warst, wir
lassen dich nicht, du segnest uns denn. Amen.

(b) Am Geburtstag des Führers und am Jahrestag seiner Machtübernahme

Herr, unser Gott. Am heutigen Tage gedenken wir in besonderer
Weise des Führers und Kanzlers unseres Volkes. Du hast ihn mit
deiner Barmherzigkeit bis hierher geleitet und sein Wirken mit
Erfolg gesegnet. Du hast unter seiner Führung unser Vaterland
wider alle Fährlichkeit beschirmt und vor allem Übel behütet und
bewahrt. Herr, dafür danken wir dir heute von ganzem Herzen. Wir
bitten dich: Begnade ihn auch fernerhin mit deinem heiligen Geist,
daß er seines schweren Amtes in Segen walten möge. Gib ihm
rechten Rat und rechte Tat zur rechten Zeit. Laß unter seinem
starken Arm unserem ganzen Lande deine Gnadensonne scheinen,
auf daß allenthalben unter uns dein Name geheiligt werde, dein
Reich komme und dein Wille geschehe, dir zu Lob und Preis,
unserem Volk zum zeitlichen und ewigen Heil. Amen.

Source: *Gebete der Kirche: Im Auftrag des bayerischen Pfarrvereins gesammelt und herausgegeben von Otto Dietz mit einem Geleitwort von Landesbischof D. Meiser. Erster Band: Gebete für die Gottesdienste der Kirche*, Verlag des Pfarrvereins der Evangelisch-Lutherischen Kirche in Bayern r.d. Rh., Nürnberg, 1935, pp. 281, 285.

Notes

(a)

die Not = (in this context) distress.

Dunkel liegt unser Weg vor uns . . . aus der Tiefe unserer Not . . . Tilge es nicht aus der Reihe der Völker, die du zum Segen gesetzt hast . . . Nacht der Knechtschaft . . .: many of these phrases are either taken from the Bible or are biblical allusions; but this whining is typical of the self-pity characteristic of much German nationalism during the inter-war period.

sich annehmen + gen = (in this context) defend.

zum Segen setzen = to declare blessed.

Tilge es nicht aus der Reihe der Völker, die du zum Segen gesetzt hast: this is an allusion to Genesis 18:18 or possibly 12:3.

den Willen zur Umkehr finden = the will to change our ways.

die Knechtschaft = slavery.

nicht Gedanken des Leides, sondern des Friedens: this contrast of *Friede* with *Leid* sounds strange in a modern context. The whole phrase is in fact taken almost verbatim from Jeremiah 29:11 (Luther's translation). In these contexts *der Friede* means 'well-being', 'solace', 'order'.

friedlos = restless, troubled, afflicted.

(b)

das Wirken = (in this context) endeavours, efforts, work.

die Fährlichkeit = peril (archaic).

das Übel = (in this context) ill (noun).

jemanden mit etwas begnaden = to imbue someone with something.

seines (or ihres) Amtes walten = to perform the duties of his (or her) office.

auf daß = to the end that (archaic).

das Heil = grace, salvation.

General observation: It is common to pray for temporal rulers in the course of public worship in church, but such prayers are nearly always concerned with the future and avoid comments on past conduct. The assumption expressed in this prayer that the *Führer* had hitherto been guided by God makes this prayer highly anomalous, to say the least.

33. Die Berliner Olympiade (1936)**

The decision to hold the 1936 Olympics in Berlin was
taken in 1931. The Nazi leadership used the occasion as
a publicity stunt to show off Nazi Germany to the world.
Some of the more obvious evidence of racialism was
temporarily concealed in Berlin and German Jews were
allowed to compete in the games. Some of Goebbels'
work was undone by Hitler, who created a sensation by
refusing to congratulate the American athlete Jesse
Owen after his victory in the 100 metres (because he was
a Negro). Hitler also snubbed three women fencers of
Jewish origin — Ellen Preis (Austria), Ilona Schacherer-
Elek (Hungary) and Helene Mayer (Germany). The
case of Helene Mayer was particularly ironic. When she
won the gold medal for Germany at the 1928 Olympics
in Amsterdam she became immensely popular and the
ultra-Right press, unaware of her background, fêted her
as a 'reinrassiges deutsches Mädchen'. By 1936 she had
emigrated, but returned to Berlin to compete — again
for Germany, won the silver medal and was publicly
insulted by Hitler. (For a fuller description of the 1936
Olympiad, see Bernd Ruland, *Das war Berlin: Erinnerungen an die Reichshauptstadt*, Hestia Verlag GmbH, Bay-
reuth, 1972, pp. 37–65.)

The author of this satirical poem, Alfred Kerr (1867–
1948), was best known as a drama critic and as an astute
and trenchant commentator on current political affairs.
He emigrated from Germany in February 1933 and, after
spending two years in Paris, settled in London in 1935.

Nazi-Olympiade

I

Seid nicht bang, säumt nicht lang!
Allen Sportlern, die wir luden,
Winkt ein festlicher Empfang,
Euch zumal, ihr lieben Juden.
Helen Mayer und Max Baer,
Husch, kommt her!

Starke Charaktere sind wir Braunen,
  Dem Prinzip getreu bis an den Tod,
Doch wir machen kriechend "Konzessionen",
  Wenn ansonst die Pleite droht.
    Bitte, kommt zu unsrer Feier,
    Lieber Baer, liebe Mayer!

II

Doch falls mitten in der Olympiade,
  Ob vielleicht auch mit dem Kranz geziert,
Ihr Erfrischung suchet in dem Bade,
  Badet, bitte, isoliert.
Die Prinzipientreue (Wen verwundert's?)
  Wird durch heiligen Wasserschutz ergänzt;
Wir, die größten Schweine des Jahrhunderts,
  Baden immer abgegrenzt.
    Taucht in einen Extra-Weiher,
    Lieber Baer, liebe Mayer.

III

Wir jedoch verkünden mittlerweile
  Ohne jeden Unterschied der Rasse!
Ohne Blubo! Ohne Vorurteile!
  Immer reingetreten! (Schatz, mach Kasse).
Sportvereinen wird verbürgt,
  Daß wir Juden nicht verfemen.
Seit wir alle abgewürgt,
  Bitten wir sie teilzunehmen.
    Lassen ihnen freie Wahl —
    Wir sind Arier, treu-loyal.

IV

Unsre Lehre von der Ehre,
  Unerreichbar im Niveau,
Gründet sich auf Charaktere:
  Man kann [sooo] . . ., und man kann [soooo].
    Weg das Vorurteil der Rasse!
    Freiem Sportspiel eine Gasse!
  Schatz, mach Kasse! Schatz, mach Kasse!

Source: Alfred Kerr, *Sätze meines Lebens: Über Reisen, Kunst und Politik*, hrsg. von Helga Bemmann, Buchverlag Der Morgen, Berlin, 1978, pp. 304–6. Reprinted by kind permission of Sir Michael Kerr and Judith Kneale (née Kerr).

Notes

winken + jemandem = (in this context) someone [dat.] will receive.

Helen Mayer: this refers to Helene Mayer. See the introductory section.

Max Baer: American Jewish heavyweight boxer (world champion) (1934).

husch = (in this context) quickly now!

wir Braunen: brown was the colour of the Nazi Party.

der Kranz = (in this context) victor's laurels.

der Extra-Weiher: this compound has been coined by the poet. It means 'special pool' (cf. *der Weiher* = pond).

Blubo: a nickname for *Blut- und Boden*. *Blut- und Bodenliteratur* was one type of literature actively promoted by the Nazi régime. It was consciously rural, anti-urban and local as well as often racialist. As its name suggests it glorified the small farmer (who allegedly had 'roots' in the soil of his *Heimat*) and the processes of nature — especially reproduction. It sought to extol a way of life that was largely a thing of the past, if indeed it had ever really existed, yet described it as a thing of the present. In this respect it was reactionary and bogus; not surprisingly virtually all literature of this kind produced in the period *c.*1918–45 was utterly trashy.

Immer reingetreten! = Do come in!

Schatz, mach Kasse = Ring up the till, dear.

verbürgen + acc. (or clause) + dat. = to guarantee something to someone.

der Arier: in effect this was the Nazi term for 'non-Jewish'.

Unsre Lehre von der Ehre: *Ehre* was one of the favourite 'buzz-words' of the German nationalists, including the Nazis, throughout the interwar period. In 1936 an American journalist commented on this as follows: 'The words *honor* and *dishonor* have different connotations in liberal and in Fascist minds. Honor in England means allegiance to accepted standards of conduct. Honor in Germany and Italy means prestige. Dishonor in the Anglo-Saxon dictionary is a crime which one commits against oneself; in the Fascist dictionary it means a crime which is committed against one' (Dorothy Thompson, 'Political Dictionary', in Dorothy Thompson, *Let the Record Speak*, Hamish Hamilton, London, 1939, p. 20).

Man kann [sooo] . . . , und man kann [soooo]. In the printed source this is given as *Man kann 8000 . . . , und man kann 80 000*. The latter does not really make sense. The editor is much indebted to Judith Kneale (née Kerr) for having spotted this absurdity and for having provided the emendation, which is fully in keeping with the author's style. It also restores the pattern of the rhymes in this stanza (ABABCC) and the rhythm. (At some stage, it appears, someone misread Alfred Kerr's handwriting — with bizarre results!) The line, as emended, means something like: 'We *do* of course bend our principles, first this way, then that'.

34. Dank an England*

Once the Nazis had consolidated their grip on Germany it became obvious to most German opponents and victims of Nazism that the only hope of getting rid of the Nazi régime lay in vigorous foreign intervention and ultimately in war against Germany; and they were appalled by the policy of appeasement pursued by the British and French governments. For those who had succeeded in emigrating or fleeing from Germany, it was also galling to find that their warnings about Nazi ambitions and their accounts of conditions in Nazi Germany were often greeted with scepticism and even outright disbelief abroad. It therefore came as a great relief to them when Britain and France finally declared war on Germany.

In this text Alfred Kerr expresses his feelings following the declaration of war on Germany in 1939. (For brief information about the author see the preceding Text. There is also an excellent autobiographical novel by his daughter, Judith Kerr, *The Other Way Round*, William Collins, London 1975. Though the focus is on her own experiences, it provides at the same time a sensitive and well-observed picture of the life of her family as emigrés from Nazi Germany in wartime Britain.)

I

September 1939. Zurück in London. Die fällige Zeitungsnachricht: "Hitler hat Polen angefallen; französisch-englisches Ultimatum an Berlin."

Endlich!

Also Krieg. Daß man ein Unglück herbeiwünschen kann — weil ein andres Unglück noch grausiger wäre!

Schuld hat der Zuchthäusler, den Deutschland . . . nicht nur erduldet hat, sondern auch geduldet hat.

Ist beides zu trennen?

II

In alledem bewahrt man den Sinn für Einzelheiten. Am ersten Kampftag der Polen denkt mancher an dies in Jahrhunderten heimgesuchte Volk — mit allertiefstem Anteil.

In der ersten Londoner Verdunkelungsnacht, während die Polen bitter, bitter kämpfen, gibt mir in London Klavierspiel im stockdunklen Zimmer etwas Erlösendes vom schwersten Druck: durch Klänge von Frédéric Chopin . . . , dem Sohn jenes Landes.

Jenes Landes, dessen Schmerzenslied und Hoffnungslied, "Noch ist Polen nicht verloren", den Mazurkarhythmus hat — wie er selbst ihn gehabt hat, noch unter der Schwelle seiner Schmerzen.

III

Mittlerweile geht England an die Arbeit. Für die große Menschheitsschlacht. Für die Rettung.

IV

Ein Anschlag auf den Straßen: "England erwartet auch diesmal, daß du deine Pflicht tust." Und weil der Wortlaut an Nelsons berühmten Appell anklingt, ist neben dem gedruckten Satz die Nelson-Säule zu sehn.

Ein paar Schritte von ihr steht, in London, Edith Cavell auf ihrem Sockel. Steinernes Gedenkbild der Gewissenskraft. Sie scheint an Menschenpflicht in allem Graus zu mahnen.

V

Weiter gehst du. Da starrt ein seltsamer Aushang — er ordnet die Verteilung von Atmungsvorrichtungen "für Kinder bis zu fünf Jahren". Gegen Gas. Die Fünfjährigen sind aber von den Säuglingen getrennt. Für die gibt es "Helme" [the babies' anti-gas protection helmets].

. . . In welcher Zeit leben wir! Und wer hat die Welt so auf den Hund gebracht? Sie weiß es — endlich! Sie regt sich. Endlich.

ENDLICH!

Source: Alfred Kerr, *Sätze meines Lebens: Über Reisen, Kunst und Politik*, hrsg. von Helga Bemmann, Buchverlag Der Morgen, Berlin 1978, pp. 420–1. Reprinted by kind permission of Sir Michael Kerr and Judith Kneale (née Kerr).

Notes

fällig = (in this context) overdue.
ein Unglück: this refers to war.

ein andres Unglück: this refers to the possibility of yet further appeasement.

der Zuchthäusler = crook, convicted criminal (i.e. Hitler).

erdulden = to endure.

dulden = to tolerate.

beides: this refers to *erdulden* and *dulden*, the implication being that toleration had in this case been taken too far.

heimgesucht = (in this context) much afflicted.

die Verdunkelungsnacht: for most of the Second World War Britain was 'blacked out' at night in order to make it more difficult for enemy aircraft to locate targets.

"*Noch ist Polen nicht verloren*": this is a German translation of the first line of the Polish national anthem. (See note on Text 36(b) for further details.)

der Anschlag (pl. *Anschläge*) = poster. (Nothing to do with 'assassination' here!)

Edith Cavell: Edith Cavell (1865–1915) was an English nurse who worked in Brussels from 1906 onwards. After the German occupation of most of Belgium in 1914 she remained in her post as matron of a hospital in Brussels and helped British, Belgian and French soldiers who were trapped in German-occupied Belgium to escape. After a mockery of a trial under German martial law she was sentenced to death and shot by a German firing-squad. At the time, her 'execution' or murder caused a sensation and may be still be regarded as one of the many atrocities committed by the German Army in Belgium during the First World War. The monument to which the text refers stands just to the north of the church of St. Martin-in-the-Fields, off Trafalgar Square. There are also monuments to Edith Cavell in Norwich and Brussels.

der Aushang (pl. *Aushänge*) = notice, announcement, poster.

auf den Hund bringen = to ruin, to wreck.

35. Der Judenbann in Berlin (Dezember 1938)*

From the middle of 1938 onwards the Nazi régime launched a renewed attack on the Jewish population (probably with the intention of forcing the Jews still in the *Reich*[1] to emigrate). Late in October 1938 all Polish Jews resident in the *Reich* (about 12,000) were rounded up and deported to the Polish border, but the Polish government was unwilling to accept them.

1. It should be borne in mind that the annexation of Austria and the Sudetenland had considerably enlarged 'Germany' and its Jewish population, too.

As a desperate protest, a seventeen-year-old Polish Jew, Herschel Grynszpan, whose parents had been deported from Hanover, shot a minor diplomat at the German Embassy in Paris, one Herr vom Rath, on 7 November 1938. The latter died two days later, and the Nazi leadership used this assassination as a pretext for unleashing a massive pogrom. In the night of 9/10 November 1938 (the *Reichskristallnacht* = night of smashed glass) the SA wrecked Jewish shops and homes, burnt down synagogues, beat up and murdered Jews the length and breadth of the *Reich*. It had all the appearances of a co-ordinated, premeditated campaign. It was followed immediately by punitive measures, including a collective fine of one thousand million *Reichsmark* on the Jewish community. This was followed by a flood of further anti-Jewish decrees. The text below is one of the more infamous of these. (Similar measures were soon adopted in virtually all towns — and even in villages.)

Auf Grund der Polizeiverordnung über das Auftreten der Juden in der Öffentlichkeit vom 28. November 1938 wird für den Landespolizeibezirk Berlin folgendes verordnet:

§1
Straßen, Plätze, Anlagen und Gebäude, über die der Judenbann verhängt wird, dürfen von allen Juden deutscher Staatsangehörigkeit und staatenlosen Juden nicht betreten oder befahren werden.

§2
Juden deutscher Staatsangehörigkeit und staatenlose Juden, die bei Inkrafttreten dieser Verordnung noch innerhalb eines Bezirks wohnhaft sind, über den der Judenbann verhängt ist, benötigen zum Überschreiten der Banngrenze einen vom Polizeirevier des Wohnbezirks ausgestellten Erlaubnisschein.

Mit Wirkung vom 1. Juli 1939 werden Erlaubnisscheine für Bewohner innerhalb der Bannbezirke nicht mehr erteilt.

§3
Juden deutscher Staatsangehörigkeit und staatenlose Juden, die von einer innerhalb des Bannbezirks gelegenen Dienststelle vorgeladen werden, bedürfen eines vom Polizeirevier des Wohnbezirks ausgestellten Erlaubnisscheines von zwölfstündiger Gültigkeit.

§4
Der Judenbann erstreckt sich in Berlin auf

1. sämtliche Theater, Kinos, Kabaretts, öffentliche Konzert- und Vortragsräume, Museen, Rummelplätze, die Ausstellungshallen am Messedamm einschließlich Ausstellungsgelände und Funkturm, die Deutschlandhalle und den Sportpalast, das Reichssportfeld, sämtliche Sportplätze einschließlich der Eisbahnen.
2. sämtliche öffentliche und private Badeanstalten und Hallenbäder einschließlich Freibäder;
3. die Wilhelmstraße von der Leipziger Straße bis Unter den Linden einschließlich Wilhelmplatz;
4. die Voßstraße von der Hermann-Göring-Straße bis zur Wilhelmstraße;
5. das Reichsehrenmal mit der nördlichen Gehbahn Unter den Linden von der Universität bis zum Zeughaus.

§5
Ausgenommen von Ziffer 1 bis 2 des §4 sind die Einrichtungen und Veranstaltungen, die nach entsprechender behördlicher Genehmigung für jüdischen Besuch freigegeben sind.

§6
Wer dieser Verordnung vorsätzlich oder fahrlässig zuwiderhandelt, wird auf Grund des §2 der Polizeiverordnung vom 28. November 1938 mit Geldstrafe bis zu 150 RM oder mit Haft bis zu sechs Wochen bestraft [. . .]

§7
Diese Verordnung tritt am Tage nach ihrer Verkündung in Kraft.

Source: *Das Dritte Reich: Dokumentarische Darstellung des Auflebens der Nation . . .: Das sechste Jahr, 1938*, Hummelverlag (Verlag und Versand für Deutsche Literatur Hans Eugen Hummel), Berlin, n.d. [1939], p. 403 (abridged as indicated).

Notes

der Judenbann = ban on Jews, places where Jews are banned.
die Polizeiverordnung = bye-law.
die Anlage = (in this context) park, open space.

verhängen = to impose.
das Polizeirevier = police station.
der Rummelplatz = fairground.
die Ausstellungshallen am Messedamm, etc.: these buildings still exist.
das Freibad = open-air swimming-pool.
die Wilhelmstraße: this is now called the *Otto-Grotewohl-Straße*.
die Herman-Göring-Straße: this street was originally called *Königgrätzer Straße*;
    in the Weimar Republic it was renamed *Friedrich-Ebert-Straße*; in the
    Third Reich it became *Hermann-Göring-Straße* and after 1945 *Ebertstraße*.
behördlich = (in this context) official.
fahrlässig = through negligence.

36. Zur NS-Herrschaft in Polen*

Nazi rule in Poland was notorious for its utter savagery.
Although the régime did its utmost to prevent the most
appalling facts (especially the use of Polish territory for
committing genocide) becoming known to the ordinary
population of Germany, the German-language press in
Danzig and the annexed areas of Poland offered its
readers regular glimpses of the nature of Nazi colonial
rule. Interesting revelations were also occasionally published in the press in the main body of the *Reich*. For
example, on 6 February 1940 the *Völkische Beobachter*
published an interview with the governor of the *General-
gouvernement Polen*, Hans Frank (1900–46, executed after
conviction by the International Military Tribunal, Nuremberg, of crimes against humanity and war crimes). Frank
had recently visited the German 'Protectorate' of Bohemia
and Moravia, and commented: 'In Prag waren zum
Beispiel große rote Plakate angeschlagen, auf denen zu
lesen war, daß heute sieben Tschechen erschossen worden sind. Da sagte ich mir: Wenn ich für je sieben
erschossene Polen ein Plakat aushängen lassen wollte,
dann würden die Wälder Polens nicht ausreichen, [um]
das Papier herzustellen . . . '.

Poland: the official Nazi idyll. For a glimpse of the sordid reality, see Text 36.
See also Text 37.

(a)   *Bekanntmachung*

Um dem frechen Verhalten eines Teiles der polnischen Bevölkerung
Einhalt zu gebieten, ordne ich folgendes an:

1. Polnische Einwohner beiderseitigen Geschlechts haben vor
    Repräsentanten der Deutschen Macht, insoweit sie durch
    Uniform oder Armbinde kenntlich gemacht sind, auf den
    Gehwegen auszuweichen. Die Strasse gehört den Siegern und
    nicht den Besiegten.

2. Die polnischen Einwohner männlichen Geschlechts haben vor
    den führenden Persönlichkeiten von Staat, Partei und Wehr-
    macht den Hut zu ziehen.

3. Der Deutsche Gruss durch Erheben der rechten Hand und der
    "Heil-Hitler"-Gruss sind für Polen verboten.

4. In den Geschäften und auf Märkten sind die Vertreter der
    Deutschen Macht sowie ihre Angehörigen und die Volksdeut-
    schen zuerst zu bedienen. Erst nach ihnen kommen die Besieg-
    ten daran.

5. Das Tragen der polnischen Schüleruniformen, Mützen mit Abzeichen usw., sowie das Tragen polnischer Abzeichen seitens polnischer Eisenbahn- und Postbeamten ist verboten.

6. Zusammenrottungen insbesondere von Jugendlichen auf der Strasse und an Strassenkreuzungen werden nicht geduldet.

7. Wer deutsche Frauen und Mädchen belästigt und anspricht, wird exemplarisch bestraft.

8. Polnische Frauenzimmer, die deutsche Volksgenossen ansprechen oder belästigen, werden Bordellen zugeführt.

[. . .]

Sollten Polen, die noch nicht erkannt haben, dass sie die Besiegten und wir die Sieger sind, gegen obige Bestimmungen handeln, setzen sie sich allerschärfster Bestrafung aus.

Thorn, den 27. Oktober 1939.
Der staatliche Polizeiverwalter
Weberstedt.

Source: *Thorner Freiheit*, 27 October 1939 (abridged as indicated).

Notes

beiderseitigen Geschlechts = of both sexes.
der Deutsche Gruss = the Fascist (or Nazi) salute.
die Zusammenrottung = riotous gathering.
das Bordell (pl. *Bordelle*) = brothel.
das Frauenzimmer = female (noun, highly pejorative).

(b) *Polen griffen SA-Mann tätlich an Posener: Sondergericht verhängte zwei Todesurteile — Im Gerichtssaal verhaftet*

Zwei Polen, der Sattlergeselle Eduard Lembicz, 36 Jahre alt, und der Fuhrwerker Johann Mikolajczak, 25 Jahre alt, beide aus Posen, standen vor dem Sondergericht Posen, weil sie in einer Gastwirtschaft tätlich gegen den Gastwirt, der SA-Mann ist, vorgegangen waren. Am 12. Januar dieses Jahres kamen sie in Begleitung des Polen Anton Otto in die Gastwirtschaft und verlangten von dem Schankfräulein Schnäpse und Zigaretten. Wegen der Bezahlung kamen sie mit der Verkäuferin in Streit, die den Wirt aus seinem

Kontor zu ihrer Unterstützung herbeiholte.

Die Polen gerieten nun mit dem Wirt in einen Wortwechsel, in dessen Verlauf der Wirt die beiden Angeklagten aufforderte, das Lokal zu verlassen. Nachdem sie die Schnäpse endlich bezahlt hatten, setzen sie den Wortwechsel jedoch fort, so daß der Wirt sich genötigt sah, sie gewaltsam zu entfernen. Hierbei leistete Mikolajczak Widerstand. Er wurde jedoch hinausgebracht, kehrte aber sofort wieder zurück und drang erneut auf den Wirt ein. Der Angeklagte Lembicz sprang nun mit den Worten: "Noch ist Polen nicht verloren, jetzt fangen wir an!" den Wirt von rückwärts an und versuchte ihn zu würgen. Gleichzeitig forderte er die übrigen im Lokal anwesenden Polen zum Angriff auf den Wirt auf.

Der Gastwirt trug das auch den Polen bekannte SA-Abzeichen auf dem Rockaufschlag so daß es für alle sichtbar war. Ein dritter Pole versuchte den Wirt an den Füßen zu packen und ihn auf die Straße zu schleifen. Wie sich in der Hauptverhandlung herausstellte, handelte es sich um den Polen Anton Otto, der, da er als Zeuge in der Gerichtsverhandlung anwesend war, sofort verhaftet werden konnte. Nach etwa fünfzehn Minuten gelang es dem Gastwirt, sich von den Polen zu befreien und diese aus der Wirtschaft zu drängen.

Dadurch, daß die Angeklagten wußten, daß der Gastwirt SA-Mann ist, da er ja das SA-Abzeichen auf dem Rockaufschlag trug, ist bewiesen, daß es den Polen weniger auf Zechprellerei ankam, als hauptsächlich darauf, einen Streit aus politischen Gründen heraufzubeschwören. Ein weiterer Beweis dafür ist auch der auffordernde Ruf: "Noch ist Polen nicht verloren, jetzt fangen wir an!" Beide Angeklagte wurden daher wegen tätlichen Angriffs auf einen Deutschen, und zwar Lembicz in Tateinheit mit Beschimpfung des Reiches und Aufreizung zum Volkstumskampf zum Tode und lebenslangem Ehrverlust verurteilt. Solchen Polen ist nicht anders beizukommen, als daß ihnen mit aller Deutlichkeit klar gemacht wird: Ein Pole, der einen Deutschen tätlich angreift, ist des Todes schuldig!

Source: *Ostdeutscher Beobachter*, 14 March 1941.

Notes

tätlich angreifen = to assault, attack physically.
das Sondergericht = special court, special tribunal. (The Nazis established

special courts in occupied Poland during the Second World War. Their main function was to administer the *Polenstrafverordnung* — a special penal code for Poles.)

verhängen = to impose (penalty, embargo, state of emergency, etc.).

der Sattlergeselle = saddler, (lit. journeyman saddler).

der Fuhrwerker = carter (i.e. person in charge of horse-drawn cart). The term was somewhat unusual, probably archaic, even when the article was written, the standard term being *der Fuhrmann*.

die Gastwirtschaft = pub.

tätlich gegen + acc. *vorgehen* = to assault, attack physically (cf. *tätlich angreifen*, above).

der Gastwirt = landlord (of pub, inn).

das Schankfräulein = barmaid.

der Schnaps (pl. *Schnäpse*) = brandy, 'schnaps'.

das Kontor = office.

"Noch ist Polen nicht verloren . . .": this is a German translation of the title and first line of the Polish national anthem, 'Jeszcze Polska nie zginęła'. Though not officially adopted as the national anthem till 1926, it had been an extremely popular Polish national song ever since it was first written and composed in 1797 by Josef Wybicki (1747–1822).

"jetzt fangen wir an!" = (in this context) everybody, join in!

eindringen auf + acc. = to go for someone.

anspringen + acc. = to pounce on someone.

die Hauptverhandlung, die Gerichtsverhandlung = trial (as opposed to preliminary investigation).

ankommen + dat + *auf* + acc. = to be concerned with, interested in something (someone [dat] is interested in something [acc]).

die Zechprellerei = dodging the bill (for drinks).

in Tateinheit mit = concomitantly with (i.e. together with). Cf. *die Tateinheit* = commission of two or more offences in one act.

die Aufreizung zum Volkstumskampf = (in this context) incitement to fight (or resist) the Germans. (It would be ironic to interpret this as 'incitement to racial hatred'.)

beikommen + dat. = to deal with someone, to get a message home to someone.

des Todes schuldig sein = to deserve to die.

(c)   *Gemeinschädling zum Tode verurteilt*

Bromberg. Aus der Polenstrafverordnung verurteilte das Sondergericht in Bromberg den 19jährigen Johann Kasimir Lanski als gefährlichen Gewohnheitsverbrecher wegen fünf einfacher, 25 schwerer und vier versuchter schwerer Diebstähle zum Tode. Johann Lanski ist minderwertig. Mit Schulschwänzen und Herumtreiben fing er in seiner Jugend an. Später drückte er sich, sobald er konnte, vor der Arbeit, und lief auch aus den ihm vom Arbeitsamt zugewiesenen

Arbeitsstellen mehrfach fort. Seine Mutter in Bromberg nahm ihn deswegen schon nicht mehr in ihrer Wohnung auf. Wegen Diebstahls ist L. im Mai 1941 bereits mit zehn Monaten Gefängnis vorbestraft. Trotzdem setzte er nach der Strafverbüßung vom Februar 1942 ab sein früheres Leben mit Diebstählen fort, die er zuerst in Thorn, dann aber zum größten Teil in und um Bromberg verübte. An Beute erlangte er viele Hühner, Kaninchen, sowie Fleisch, Wurst und andere Lebensmittel, er verschmähte auch nicht, gelegentlich Puddingpulver und ähnliche "Kleinigkeiten" mitzunehmen. Und, wenn er es kriegen konnte, ließ er auch Herren- und Damenschuhe, Kleider und Stoffe, sowie vor allem Bargeld mitgehen.

Das Sondergericht stellte fest, daß bei diesem minderwertigen Angeklagten an eine Besserung nicht mehr zu denken sei, daß daher vor ihm die Volksgemeinschaft nur noch geschützt werden müsse. Und das könne nur durch die Todesstrafe erreicht werden.

Source: *Danziger Vorposten*, 28 January 1943.

Notes

der Gemeinschädling = public menace.
Bromberg = Bydgoszcz.
die Polenstrafverordnung = special penal code for Poles.
das Schulschwänzen = truancy.
das Herumtreiben = living as a tramp.
sich vor + *dat. drücken* = to shirk, dodge, skive off something.
vorbestraft sein = to have (a) previous conviction(s).
nach der Strafverbüßung = after serving his sentence.
Thorn = Torun.
das Puddingpulver: this refers to packeted mixtures for making blancmange.
die Volksgemeinschaft = the (German) 'racial community'.

37. Endstation Treblinka*

Among their many titles the reigning Habsburg monarchs included that of *Herzog von Auschwitz*. It was a remote duchy, virtually unknown even in Central Europe. However, what happened in 1940–5 in the dual camp of Auschwitz-Birkenau (Oświęcim-Brzezinka) has made the place notorious; and since 1945–6 the very word 'Auschwitz' has, for many, been something of a byword for the genocide committed by the Nazis. (The term 'holocaust' only came into widespread use in the late 1970s after the production of the film bearing that title.)

In his autobiography,[1] written for the most part in Kraków while awaiting trial, Rudolf Höß (born 1900, hanged 1947), who was *Kommandant* of Auschwitz from its establishment in May 1940 till November 1943 states that prisoners dreaded the prospect of being transferred to another camp. Of course, Höß says this partly in self-justification, and factors like fear of the unknown and of the physical conditions of transport probably played a part in this dread. Nevertheless, conditions in the other camps established by the Nazis on Polish soil were generally even worse than at Auschwitz — incredible though this may seem. As far as is known fewer than one hundred prisoners survived the extermination camps at Chełmno (Kulmhof) Bełżec (Belzec), Sobibor and Treblinka (taken together!), while according to official Polish statistics over two million people were murdered in these four camps alone.[2] This text describes conditions at the *Arbeitslager Treblinka*, a satellite of the main camp, between July and September 1942. It was written by one of the very small number of survivors.

1. Rudolf Höß, *Kommandant in Auschwitz. Biographische Aufzeichnungen*, hrsg. von Martin Broszat, Deutscher Taschenbuch Verlag, München, 1963. (There is an English translation entitled *Commandant of Auschwitz: The Autobiography of Rudolf Hoess*, Weidenfeld & Nicolson, London, 1959.)

2. These figures are taken from Gitta Sereny, *Into that Darkness: From Mercy Killing to Mass Murder*, André Deutsch, London, 1974, p. 100. It is estimated that 900,000 people (virtually all of them Jews) were murdered at Treblinka.

Die Fahrt war grauenhaft. Dichtgedrängt kauerten wir in den
Waggons, Kinder weinten, Frauen wurden irrsinnig. Wir kamen am
nächsten Tag gegen drei Uhr nachmittags an. Die Bahnstation trug
eine große Aufschrift "Arbeitslager Treblinka". Von dort wurde der
Zug auf einem Sondergeleise in den Wald gefahren; die Entfernung
dürfte zwischen drei und fünf Kilometer betragen haben. An dieser
Endstelle bot sich uns ein schauerliches Bild: Hunderte von Leichen
lagen umher. Gepäckstücke, Kleider, Koffer dazwischen, alles wirr
durcheinander. Wir wurden aus den Waggons getrieben, deutsche
und ukrainische SS-Leute stiegen auf die Dächer und schossen
wahllos in die Menge. Männer, Frauen und Kinder wälzten sich in
ihrem Blut, wildes Schreien und Weinen erfüllte die Luft. Wer nicht
niedergeknallt war, wurde schließlich über die Leichen- und Ver-
wundetenhaufen hinweg durch ein offenes Tor auf einen von Sta-
cheldraht umzäunten Platz getrieben. Zwei Holzpflöcke flankierten
den freien Raum. Ich wurde mit einigen Leuten, darunter einem
gewissen *Gottlieb* aus Kielce, dazu bestimmt, die Waggons zu säubern
und die Leichen der Nächstangekommenen auf dem Platz aufzuhe-
ben, zu großen Gruben zu bringen, die durch Bagger ausgehoben
waren, und sie, gleichgültig ob schon völlig tot oder noch zuckend,
hineinzuwerfen. Schnaps in der einen Hand, Knüppel oder Pistole
in der andern, so jagte die SS uns zur Arbeit an. Noch jetzt entsetzt
mich das Erinnerungsbild, daß Kleinkinder an den Füßen gefaßt
und gegen Baumsta4mme geschleudert wurden."(Es gab übrigens
Scharführer, die photographische Aufnahmen solcher Szenen als
Andenken bei sich trugen.)" Zu essen bekamen wir nichts, obwohl
wir Wochen hindurch als Sonderkommando die aufreibendste Arbeit verrichten mußten. Jeden Tag kamen zwei bis drei Transporte.
Wir ernährten uns von den Lebensmitteln, die im Gepäck der Opfer
lagen.

Mitunter kamen Transporte nur mit Leichen an. Ich vermute,
daß diese Menschen im Waggon durch Gas getötet worden waren,
denn Wunden habe ich an ihnen nicht bemerkt. Die Körper waren
krampfhaft ineinander verschlungen, die Haut blau. Sonderbarer-
weise kam es vereinzelt vor, daß kleine, drei- bis fünfjährige Kinder
bei diesen Transporten am Leben geblieben waren, zwar taub und
mit verstörten Augen, keines Wortes mächtig. Nicht lange konnten
wir sie verbergen, sie wurden von der SS entdeckt und niederge-
streckt. Es kamen auch Transporte ausschließlich mit Kindern oder
mit alten Leuten an. Stundenlang hockten sie auf dem Platz, um
dann durch MG-Feuer "liquidiert" zu werden.

Aus dem "Arbeitslager Treblinka" wurden zeitweise Gruppen von 200 bis 500 Männern nackt durch den Wald getrieben. Sich in Reihen an den Händen haltend, als würden sie zu einem Reigentanz antreten, wurden sie an die ausgebaggerten Gräben gestellt. Die SS-Leute trieben Sport, indem sie diese Unglücklichen durch Genickschuß ins Jenseits beförderten. Sie traten die Zusammenbrechenden mit den Stiefelabsätzen in die Seiten und stritten unter Gejohle und Geschrei darüber, wer den Juden am weitesten gestoßen habe.

Während der Wochen, die ich in Treblinka arbeitete, wurde abseits im Walde ein kleines Gebäude aus Ziegeln erbaut. Auf dem Wege zu diesem Haus wurde eine Tafel mit der Aufschrift angebracht "Zur Badeanstalt". Eine weitere Tafel forderte auf, Gold, Geld, Devisen und Schmuck in einem Bündel am Schalter des Bades zu hinterlegen. Von dieser Zeit an wurden die Ankömmlinge nicht mehr erschossen, sondern vergast. Ein Sonderkommando gleich dem unsrigen sorgte für die Bestattung oder Verbrennung der Leichen. Mit den Häftlingen dieses Kommandos kamen wir zusammen; da auch sie keine Verpflegung erhielten, versorgten wir sie aus den Nahrungsmitteln, die wir im Gepäck der Ankömmlinge vorfanden.

Vereinzelt versuchten manche von uns zu fliehen. Ich gehörte zu der geringfügigen Zahl der Glücklichen, denen die Flucht sogar gelang. Zwischen Decken, Bündeln von Kleidern und Koffern, die wir in den Eisenbahnwaggons verstauen mußten, versteckte ich mich gemeinsam mit einem dreizehnjährigen Jungen und mit meinem Freunde *Gottlieb* aus Kielce. Schmuck, Gold und Geld, meist amerikanische Dollars, hatten wir reichlich mitgenommen. Die Flucht gelang uns im September 1942. Leider war die Zeit meiner "Freiheit" nur kurz. Am 5. Januar 1943 wurde ich mit *Gottlieb* in Krakau als "Partisan" erneut verhaftet.

Source: Oskar Berger, "Bericht" im Kapitel "Gruppenschicksale und Sonderaktionen" in Eugen Kogon, *Der SS-Staat: Das System der deutschen Konzentrationslager*, Kindler Verlag GmbH, München, 1974, pp. 217–19. (The 1st edition was published in 1946.) Reprinted by kind permission of the publishers.

Auschwitz. *(above) The main gate with the notorious slogan* Arbeit macht frei. *(below) Some of the better sleeping accommodation. (Reproduced by kind permission of the Wiener Library, London.)*

Notes

grauenhaft = horrific.
kauern = to cower.
irrsinnig werden = to go insane.
die Endstelle = final 'terminus'.
ukrainische SS-Leute: Ukrainian nationalist defectors from the Soviet Army seem to have figured prominently among the personnel in the extermination camps.
sich wälzen = (in this context) to writhe.
niederknallen = to shoot down, shoot out of hand.
der Holzpflock (pl. *Holzpflöcke*) = (in this context) wooden fence.
jemanden zu etwas bestimmen = to choose someone for something, to order someone to do something.
der Bagger (pl. *Bagger*) = mechanical digger, excavator.
ausheben (irreg.) = to dig out, excavate.
zuckend = twitching.
Schnaps in der einen Hand . . .: it was quite common for members of murder-squads at extermination camps to drink alcohol while on duty in order to fortify themselves, though within the SS it was officially frowned upon as 'unmanly' and 'unsoldierly'.
das Sonderkommando = special squad.
aufreibend = stressful.
Arbeit verrichten = to do work.
der Transport (pl. *Transporte*) = (in this context) train, train-load.
mitunter = from time to time
krampfhaft ineinanderverschlungen = convulsed and intertwined.
es kam vereinzelt vor = it (so) happened occasionally.
verstört = (in this context) abnormal-looking.
keines Wortes mächtig = incapable of uttering a word.
niederstrecken = to shoot, 'mow down'.
hocken = to squat.
das MG-Feuer: *MG* is a common abbreviation for *Maschinengewehr* (= machine-gun).
der Reigentanz = roundelay, dance in a circle.
antreten zu = line up for.
ausgebaggert = excavated.
der Genickschuß = shot in the neck, back of the head.
ins Jenseits befördern = to despatch into the 'world beyond'.
das Gejohle = howling.
der Partisan (pl. *Partisanen*) = guerrilla.

Soviet civilians hanged by the Nazis near Oraga, Byelo-Russia. This photo was found on a German prisoner of war: see Text 38. (Reproduced by kind permission of the Trustees of the Imperial War Museum, London. Neg. No. RUS 2545.)

38. "Mit den allerbrutalsten Mitteln . . ."**

During their invasion of the Soviet Union the Nazis made themselves notorious for the wholesale murder of Soviet civilians — probably at least 10 million. In the Federal Republic of Germany it is widely believed that these atrocities were committed only by the SD *Einsatzgruppen* (special murder squads, lit. 'action groups') and the SS, and that the German Army proper, the *Wehrmacht*, kept its hands clean. Of course, the majority of German soldiers were engaged in fighting at the front, but others were involved in very different activities, as this text illustrates.

Wilhelm Keitel (1882–1946, executed after conviction by the International Military Tribunal, Nuremberg, of a wide range of crimes, including crimes against humanity and war crimes) was *Chef des Oberkommandos der Wehrmacht* in the years 1938–45, though in practice he had to share the post with Hitler. Keitel was responsible for drafting and passing on many of the decrees, etc., ordering or authorizing the murder of civilians, especially in the Soviet Union.

Abschrift!

H. Qu. den 16. 12. 1942

Der Chef
des Oberkommandos der Wehrmacht
Nr. 004870/42 g. Kdos.. WFSt/Op(H)

31 Ausfertigungen
2. Ausfertigung

Dem Führer liegen Meldungen vor, daß einzelne in der Bandenbekämpfung eingesetzte Angehörige der Wehrmacht wegen ihres
Verhaltens im Kampf nachträglich zur Rechenschaft gezogen worden sind.

Der Führer hat dazu befohlen:

(1) Der Feind setzt im Bandenkampf fanatische, kommunistisch
geschulte Kämpfer ein, die vor keiner Gewalttat zurückschrecken.
Es geht hier mehr denn je um Sein oder Nichtsein. Mit soldati-
scher Ritterlichkeit oder mit Vereinbarungen in der Genfer
Konvention hat dieser Kampf nichts mehr zu tun.

Wenn dieser Kampf gegen die Banden sowohl im Osten wie
auf dem Balkan nicht mit den allerbrutalsten Mitteln geführt
wird, so reichen in absehbarer Zeit die verfügbaren Kräfte
nicht mehr aus, um dieser Pest Herr zu werden.

Die Truppe ist daher berechtigt und verpflichtet, in diesem
Kampf ohne Einschränkung auch gegen Frauen und Kinder
jedes Mittel anzuwenden, wenn es nur zum Erfolg führt.

Rücksichten, gleich welcher Art, sind ein Verbrechen gegen
das deutsche Volk und den Soldaten an der Front, der die
Folgen der Bandenanschläge zu tragen hat und keinerlei
Verständnis für irgendwelche Schonung der Banden oder ihrer
Mitläufer haben kann.

Diese Grundsätze müssen auch die Anwendung der "Kampfanweisung für die Bandenbekämpfung im Osten" beherrschen.

(2) Kein in der Bandenbekämpfung eingesetzter Deutscher darf
wegen seines Verhaltens im Kampf gegen die Banden und ihre Mitläufer
disziplinarisch oder kriegsgerichtlich zur Rechenschaft gezogen werden.

Die Befehlshaber der im Bandenkampf eingesetzten Truppen sind dafür verantwortlich, daß sämtliche Offiziere der
ihnen unterstellten Einheiten über diesen Befehl umgehend in
der eindringlichsten Form belehrt werden, ihre Rechtsberater

Nazi atrocities in the Soviet Union. Two officers of the Wehrmacht *about to shoot two Soviet civilians in the back of the head. Note the soldiers looking on, and the ready-dug grave. This photo was found on one* Soldat Ludwig *who served with a* Strafbataillon *(punitive detachment) of the 16th German Army in Russia. There is nothing visible in the photo to suggest that the executioners are anything other than officers of the* Wehrmacht — *nothing that indicates membership of the SS or SD. Reproduced by kind permission of the Trustees of the Imperial War Museum, London, Neg. No. RR 1969.)*

von diesem .Befehl sofort Kenntnis erhalten, keine Urteile
bestätigt werden, die diesem Befehl widersprechen.

gez. Keitel

Source: Léon Poliakov und Josef Wulf (Hrsg.), *Das Dritte Reich und seine
Diener*, arani Verlags-GmbH, Berlin-Grunewald, 1956, p. 450.

Notes

NB. The various compounds beginning with *Banden-* refer to guerrillas,
   e.g. *die Bandenbekämpfung* = the fight against guerrillas.

die Ausfertigung = copy.
Dem Führer liegen Meldungen vor, daß . . . = the Führer is in possession of
   reports that . . . .
einsetzen = (in this context) to deploy, send into action.
die Ritterlichkeit = chivalry.
die Schonung = (in this context) mercy.
die "Kampfanweisung für die Bandenbekämpfung im Osten": this refers to an
   earlier directive relating to the fight against guerrillas. (Die Anweisung =
   order(s), instruction(s), directive.)
umgehend = (in this context) promptly.
eindringlichst = (in this context) most vigorous.

39. Als Studentin im Krieg*

Nazi ideology was anti-feminist and stressed *die drei K*
(*Kinder, Kirche, Küche*), although a handful of irrational
exceptions were admitted in respect of women who were
seen as outstanding heroes in non-academic spheres, for
example as pilots. From 1933 to 1938 vigorous attempts
were made to reduce the number of women at university,
but in many areas the exigencies of war led to a volte-
face in practice, though not in ideology.

In this text the author gives a brief account of her
experiences, first at school, then as a university student.
No attempt has been made to alter the lively, colloquial
style of the original.

Von 1933 bis 1941 besuchte ich — nach 4 Vorschuljahren — ein Realgymnasium für Mädchen in ——. Die erste Fremdsprache war Französisch, in der Untertertia kamen Latein und Englisch dazu. Als die anderen Mädchen am Samstag ("Staatsjugendtag") zu den Veranstaltungen des BDM gingen, mußte ich immer in die Schule zum "staatspolitischen Unterricht" gehen. Dies fing an, als ich etwa 14 Jahre alt war. Vor der Versetzung in die Oberstufe (Obersekunda) mußten wir eine sogenannte Kochprüfung machen, wohl um eine gewisse "Blaustrümpfigkeit" zu vermeiden — es war eine rechte Farce, auch für die prüfende Turnlehrerin, denn kaum jemand von uns konnte wirklich kochen — aber wir bestanden alle.

Im März 1941 machte ich Abitur, wurde eine Woche später zum Reichsarbeitsdienst eingezogen nach Ostfriesland in der Nähe von Wilhelmshaven. Man arbeitete beim Bauern — Rüben hacken, etc. — oder im Haushalt bei Werftarbeitern, was teilweise sehr primitiv war, unbeschreiblich schmutzig, die Schlafzimmer ekelhaft. Ich war ja nichts gewöhnt und wurde einmal ohnmächtig vor lauter Ekel. Und man war auch im Arbeitsdienstlager mit teilweise unbeschreiblichen "Wesen" zusammen, aber natürlich gab es außer mir auch noch zwei Abiturientinnen, von denen eine das Lager und die Arbeit ganz gut verkraftete — wir beiden anderen waren oft recht elend.

Nach einem halben Jahr Arbeitsdienst wurde ich im Herbst 1941 zum sogenannten Kriegshilfsdienst eingezogen — ohne diese Zeit hätte ich nicht studieren können. Durch Vermittlung meines Vaters konnte ich diese Zeit in —— "abdienen" und zu Hause wohnen. Ich arbeitete im Büro einer großen Rüstungsfabrik, mußte eine Rechenmaschine bedienen — hatte Glück, die Leute waren nett zu mir und nicht "nazihaft".

Im April 1942 fing ich dann an, in Freiburg Journalistik und Germanistik zu studieren — für Journalistik gab es einen festen, von Goebbels ausgearbeiteten sechs-semestrigen Lehrplan, was ich aber erst später feststellte. Es gab den "Reichsstudentenbund", in den man automatisch mit der Immatrikulation eintrat. Man hatte dann ein oder zweimal in der Woche "Heimabende", an denen meistens vorgelesen wurde, Dinge, die man "Blut-und Bodenliteratur" nannte. Ziemlich mäßig!! Ich begann, das zu schwänzen, und ich wurde dann wohl einfach vergessen. Im zweiten Semester in Freiburg machte ich keinerlei Studentenbunddienst mehr.

Nach meinem ersten Semester, dem Sommersemester 1942, mußte ich in den Semesterferien acht Wochen sogenannte "Arbeitsplatzablösung" machen. Das wurde nicht bezahlt — dafür ging eine Arbeiterin in bezahlten Urlaub. Ich arbeitete wieder in der Rüstungsfabrik, dieses Mal aber in der Achsendreherei — man schmirgelte Eisenbahnachsen, ohne jegliche Schutzkleidung . . . Mir sprang ein Funken ins Auge, verursachte eine Hornhautentzündung, bzw. Verbrennung, an der ich ein halbes Jahr laborierte, ohne irgendeine Versicherung in Anspruch nehmen zu können.

Im Sommersemester 1943 studierte ich in München. Dort gab es als Folge der "Geschwister-Scholl-Affäre", von der wir in Freiburg nur ganz vage gehört hatten, ganz strengen Studentenbunddienst, fast jeden Abend und auf die unerfreulichste Weise, weil rein ideologisch und auch recht primitiv. Ich konnte mich zum Sport melden, da ich gut Handball spielte, und das half jedenfalls an zwei Abenden. Wir wurden sehr genau kontrolliert, die Studentenbundführung wußte immer, ob man ein Wochenende in den Bergen verbracht hatte, etc. — ich war unglücklich in München und ging nach einem Semester weg, mußte aber vorher in den Semesterferien wieder acht Wochen Studentenhilfsdienst absolvieren. Dieses Mal erreichte ich, daß ich Erntehilfe im Salzburger Land machen konnte, wo meine Eltern nach Ausbombung in —— einige Wochen lebten. Ich arbeitete in der Heuernte, verdiente in den acht Wochen insgesamt 20.- Reichsmark. Es kam wieder zu einem Unfall. Beim Heu-Aufgabeln stiess mir der Knecht des Hofes aus Versehen die Gabel ins rechte Bein, ich hatte scheußliche Wunden, die schlecht verheilten — auch da war ich drei Monate in ärztlicher Behandlung ohne jeden Versicherungsschutz. Nun ja!

Zum Wintersemester 1943 ging ich nach Berlin, wo es dann überhaupt keinen Studentenbunddienst mehr gab, ob aus Lässigkeit, aus Überzeugung oder als Folge von Bomben und Krieg, ist mir nie klar geworden. In den Semesterferien nach dem Sommersemester 1944, meinem fünften, wurden wir wieder dienstverpflichtet — dieses Mal konnte ich im Deutschen Nachrichtenbüro (DNB) arbeiten. Wir gaben vorgegebene Meldungen an anrufende Zeitungen weiter — es war eine berufsbezogene Arbeit und machte Spaß, man verdiente ein Taschengeld. Wie weit die Meldungen richtig waren, konnten wir nicht beurteilen. Diesen Arbeitseinsatz habe ich eigentlich ganz nett in Erinnerung. Die Atmosphäre in Berlin war ohnehin "in unserem Sinn" — ich kannte meinen späteren Mann Georg schon, und wir warteten auf das Ende des Krieges.

Im Wintersemester 1944/45 gab Professor Dovifat, ein berühmter Publizist und späterer Mitbegründer der CDU, allen sechsten Semestern, also auch mir, eine Doktorabeit, ohne daß wir darum gebeten hatten. Er ersparte uns eine Dienstverpflichtung in einem Rüstungsbetrieb — wir waren "Examenssemester". Aber ich habe meine Doktorarbeit dann nicht mehr geschrieben.

Source: Kindly written for the editor in 1987 by Liselotte Klaus.

Notes

die Vorschuljahre = (in this context) primary school years, not pre-school.

die Untertertia: traditionally, the classes in German *Gymnasien* and other secondary schools (*höhere Schulen*) were arranged in the following year-groups:

> *Sexta* (age about 10)
> *Quinta*
> *Quarta*
> *Untertertia*
> *Obertertia*
> *Untersekunda*
> *Obersekunda*
> *Unterprima*
> *Oberprima* (age about 19)

der BDM: this is an abbreviation for *Bund Deutscher Mädel*, which was the girls' division of the *Hitler-Jugend*. The normal age of entry was 14.

die Versetzung = promotion (from one class to the next at school).

die Oberstufe = upper school

die Obersekunda: see note above on *Untertertia*.

die prüfende Turnlehrerin: in Germany the *Abitur* is examined internally with some external assessors. (There are no examination boards of the British type.)

der Reichsarbeitsdienst: this consisted of six months' unpaid labour service. Introduced on a 'voluntary' basis in 1933, it was made compulsory in 1935. (Men had to undertake this service before being conscripted for military service.)

die Rübe = turnip.

hacken = to dig up.

der Kriegshilfsdienst: this consisted of national service for those not serving in the armed forces. It was compulsory for some categories of people, and usually had to be done in addition to the *Reichsarbeitsdienst*.

die "Blut- und Bodenliteratur": see Text 33, note on *Blubo*.

die Arbeitsplatzablösung: women students had to spend eight weeks of each summer vacation doing a job otherwise done by a female worker with children. Part of the purpose of this was to enable 'German mothers' in paid employment to have a holiday with pay.

die Achsendreherei = axle workshop.

schmirgeln = to sand, rub down.

die Hornhautentzündung = inflammation of the cornea.

laborieren an + dat. = to suffer from, to be plagued by something [dat.].

die "Geschwister-Scholl-Affäre": In 1942 and early 1943 Hans and Sophie Scholl and others formed a very small resistance cell at the University of Munich. They produced, duplicated and distributed anti-Nazi leaflets and pamphlets. They were arrested in February 1943, convicted (of high treason) and beheaded. For an excellent account, see Inge Scholl, *Die Weiße Rose*, Fischer Taschenbuch Verlag (various editions).

der Studentenbunddienst: this refers to the obligation to attend functions organised by the *Reichsstudentenbund*.

der Studentenhilfsdienst: this appears to be synonymous with *Arbeitsplatzablösung* (see note above).

das Heu-Aufgabeln = forking up hay.

"in unserem Sinn" = in accord with our way of thinking.

der Publizist = (in this context) professor (or other university teacher) of journalism.

die "Examenssemester" (pl.) = students in their final term or year.

40. Gefühlsmäßige Einstellung der Bevölkerung gegenüber den Feinden (1944)*

In the Second World War a very substantial proportion of the German population (in Germany itself), possibly even a majority did not, it seems, develop real hatred of the country's enemies. When this text was written in February 1944 some of the severest raids, such as those on Darmstadt (11 September 1944) and Dresden (13–14 February 1945) had not yet taken place.

The text is taken from a series of reports compiled by a special team of the SD (= *Sicherheitsdienst*). The team was originally set up in 1938 to monitor public opinion in Germany and continued to do so till about the beginning of July 1944. Obviously, the source must be borne in mind when reading the text.

The numerous emphases in the original have been omitted.

Aus den laufenden Meldungen ergibt sich für die innere Einstellung der Bevölkerung zu unseren verschiedenen Gegnern die Feststellung, daß der im deutschen Wesen liegende Hang zur Objektivität und das Bestreben, auch dem Feinde "Gerechtigkeit" angedeihen zu lassen, nach wie vor gegeben ist. Vorherrschend seien vor allem Gefühle des Abscheus, der Verachtung und der Erbitterung. Erst in neuerer Zeit breite sich auf Grund des britisch-amerikanischen Luftterrors auch ein echtes Haßgefühl aus, von dem jedoch nicht alle Bevölkerungskreise und Reichsteile gleichmäßig erfaßt seien. Haßausbrüche seien in erster Linie unter der vom Bombenterror besonders schwer heimgesuchten Bevölkerung zu beobachten gewesen. In diesen Fällen würden dann allerdings meist alle übrigen Regungen, auch solche konfessioneller Art, von einem unerbittlichen Haß überdeckt. Bezeichnend ist der Auszug aus dem Brief eines Ausgebombten:

> . . . Wenn Du hier durch Rauch und Trümmer gegangen bist, dann hast Du nur den einen Gedanken: Wie können wir uns nur rächen. Niemals in meinem Leben kannte ich das Gefühl des Hasses. Aber heute kenne ich es auch. Wie kann, wenn es noch einen Gott gibt, er es zulassen, daß so gemordet wird. Denn all das hier ist Mord. Die Japaner machen es schon richtig, wenn sie die abgesprungenen Feindflieger, die eine Stadt angegriffen haben, zum Tode verurteilen. Das ist eine viel zu gelinde Art. Man müßte diese Schurken auf die brennenden Trümmer einer Stadt werfen und sie dort mitverbrennen lassen, oder unter ein Haus, das gesprengt werden muß, anbinden, damit ihnen von den einstürzenden Mauern der Schädel zertrümmert wird.

Dagegen äußerte z. B. eine ausgebombte Künstlerin:

> Daß meine ganzen Sachen unwiederbringlich dahin sind, das schmerzt mich. Es ist halt Krieg. Gegen die Engländer, nein, gegen die habe ich nichts. Ich habe schon manchen Engländer persönlich kennengelernt, da gibt es Männer darunter, an denen sich mancher deutsche Mann ein Beispiel nehmen könnte.

Diese Zwiespältigkeit in der Einstellung gegenüber dem Feind ist nach den vorliegenden Meldungen keine Einzelerscheinung, sondern zieht sich durch alle Bevölkerungskreise hindurch. Sie zeige sich besonders deutlich bei den Erörterungen der Volksgenossen über die Vergeltung. Der überwiegende Teil der Bevölkerung stehe zwar unverrückbar auf dem Standpunkt, der Führer müsse England unnachsichtig "ausrotten", weil das Leid, das die Engländer über uns gebracht hätten, nur mit Gleichem vergolten werden könne. Demgegenüber würde aber immer wieder geäußert, man solle doch überlegen, daß dabei in England Frauen und Kinder mit zugrunde gehen würden. Wir seien doch Deutsche, die den englisch-amerikanischen Luftterror verurteilen, und dürften uns deshalb gleicher Methoden nicht bedienen.

Wie gegensätzlich diese Auffassungen sind, zeigen folgende zwei Äußerungen:

Es ist furchtbar, sich mit dem Gedanken einer totalen Vernichtung abzugeben. Dort drüben gibt es doch auch Menschen wie bei uns. Außerdem befinden sich in England auch noch allerhand deutsche Kriegsgefangene. Was wird aus ihnen? Schuld an dem ganzen Krieg haben doch nur die Führer, die sich, wenn es losgeht, doch aus dem Staube machen werden. (Frau eines Beamten.)

Weshalb räuchern wir die Hunde nicht mit Gas aus, damit endlich mal Ruhe ist? (In ähnlich lautenden Wendungen in Arbeiter- und Bauernkreisen vielfach erfaßt.)

Auch in konfessionellen Kreisen herrsche hierin keine einheitliche Auffassung. Während die in Westdeutschland schwer heimgesuchte katholische und evangelische Bevölkerung eine unerbittlich harte Vergeltung fordere, teile die christlich eingestellte Bevölkerung in anderen Gebieten Ansichten wie die folgenden:

"Haben wir denn überhaupt das Recht, unsere Feinde zu hassen und auszurotten?"

"Gerade die Feindesliebe ist das Größte, zu dem man sich durchringen muß. Darauf ruht Gottes Lob."

Bezeichnend ist auch das in katholischen Kreisen verbreitete Gerücht, ein deutscher Erzbischof hätte eine Eingabe mit Unterschriften von prominenten Persönlichkeiten an den Führer mit der Bitte gerichtet, von der Vergeltung Abstand zu nehmen.

Aus der Stellungnahme der Bevölkerung zu England ergibt sich kein einheitliches Bild. Haßerfüllt klingende Äußerungen gegenüber England seien oft mehr Ausdruck einer Verzweiflung oder Entrüstung und der Ansicht, daß in der Vernichtung Englands der einzige Weg zur eigenen Rettung gesehen werde. Der antienglische Haß richte sich ferner mehr gegen einzelne, etwa gegen den Typ des Luftgangsters oder gegen die plutokratisch-jüdische Führerschicht, als deren Verkörperung Churchill erscheine, dem aber teilweise auch eine gewissermaßen widerstrebende Anerkennung gezollt werde. Gegen das englische Volk in seiner Gesamtheit könne von einem Haß nicht gesprochen werden. Häufig werde argumentiert, das englische Volk sei von seinen Kriegshetzern schuldlos in den Krieg gezogen worden. Eine klare und eindeutig negative Einstellung gegen das englische Volk werde auch häufig durch die Erzählungen von deutschen Kriegsgefangenen des ersten Weltkrieges erschwert, die von einer humanen Behandlung durch die Engländer erzählten. Auch von den jetzigen Kriegsgefangenen seien Schilderungen über vorzügliche Behandlung, insbesondere in den kanadischen Gefangenenlagern, weit verbreitet. Gegen die Ausbreitung eines echten Haßgefühles wirke sich ferner aus, wenn die Bevölkerung gelegentlich die rücksichtsvolle Behandlung abgeschossener englischer Terrorflieger erlebe.

In Intelligenzkreisen sei von einem Englandhaß kaum etwas zu spüren. Dies komme besonders in der Stellungnahme zu den führenden Persönlichkeiten in England zum Ausdruck, Churchill würde vielfach sogar als Persönlichkeit gewertet, die "doch etwas könne und sehr ernst zu nehmen sei". Mit den USA als Gegner habe sich der durchschnittliche Volksgenosse weltanschaulich oder politisch noch kaum auseinandergesetzt. Nordamerika liege ihm nicht nur räumlich, sondern auch geistig fern. Der herrschenden Judenclique und Roosevelt werde zwar vielfach ein Haß entgegengebracht, doch empfinde man gegen den einzelnen Amerikaner wie gegen das USA-Volk höchstens eine "ohnmächtige" Wut, weil sie aus "lauter Habgier und Übermut" in den Krieg eingetreten seien, ohne daß wir ihnen etwas anhaben könnten. Auch hierbei konzentrierten sich die Vorwürfe mehr auf die amerikanische Plutokratie und den "Dollarimperialismus". Gegenüber dem einzelnen Amerikaner überwiege das Gefühl der Verachtung, das aus dem Bewußtsein einer seelischen und kulturellen Überlegenheit komme.

Gegenüber Rußland herrscht nach den Meldungen in fast allen Bevölkerungskreisen das Gefühl der Angst vor einem in seiner Mentalität uns fremden und unverständlichen Gegner vor. Während in den ersten Monaten des Ostfeldzuges die Bolschewistenherrschaft den meisten als ein Koloß auf tönernen Füßen erschienen sei, habe sie in der Folgezeit, besonders aber seit Stalingrad, die Vorstellung von etwas Unheimlichem und Schicksalhaftem angenommen. Immer stärker empfinde die Bevölkerung den Russen und sein Land als ein unberechenbares und triebhaftes Element, welches sich

mit urgewaltiger Wildheit und Lebenskraft auf Europa zu stürzen
drohe und deshalb bis zum letzten vernichtet werden müsse. Dabei
bestehe vielfach die Neigung, den anscheinend nicht endenwollen-
den bolschewistischen Strom von Menschen und Material als Leistung anzuerkennen und dabei immer die Mittel zu übersehen, mit
denen diese "Leistung" hervorgebracht wird.

Dem russischen Volk werde die langjährige seelische Versklavung
so stark zugute gehalten, daß man es für sein jetziges Verhalten
kaum verantwortlich mache, so daß in der Heimat von ausgeprägten
Haßgefühlen nicht die Rede sein könne.

Dagegen sind ausgesprochene Haßgefühle in allen Reichsteilen
und Bevölkerungsschichten gegen ein Volk, nämlich die Italiener,
festzustellen. Unseren eigentlichen Gegnern nehme man im Grunde
ihre Feindschaft nicht übel. Sie werde mehr als schicksalhaft empfunden. Doch könne man es den Italienern nie verzeihen, daß sie,
die ihre Freundschaft mit uns durch ihre berufenen Vertreter mit
großem Aufwand betont hätten, uns ein zweites Mal so "schmählich"
verrieten. . . .

Source: 'Grundfragen der Stimmung und Haltung des deutschen Volkes
hier: Gefühlsmäßige Einstellung der Bevölkerung gegenüber den
Feinden', Bundesarchiv Koblenz R 58/192, veröffentlicht in *Meldungen aus dem Reich 1938–1945* . . . , hrsg. von Heinz Boberach,
Pawlak Verlag Herrsching 1984, pp. 6302–4. (Reprinted by kind
permission of Heinz Boberach.)

Notes

im deutschen Wesen = (in this context) in the German character.
konfessionell: This word normally means 'denominational', but in this text it
is used simply in the sense of 'religious'.
unerbittlich = (in this context) implacable.
Die Japaner . . .: sometimes the Japanese military authorities court-martialled
captured USAAF air-crews who had allegedly attacked civilian targets,
invariably convicted them, often sentenced them to death and in a few
cases actually executed them.
die Vergeltung = (in this context) retaliation.
sich aus dem Staube machen = to clear off.
der Volksgenosse: this was a specifically Nazi term, meaning 'fellow-member
of the German race, fellow-German'.
uns ein zweites Mal so "schmählich" verrieten: when the First World War broke
out Italy was nominally allied to Germany and Austria–Hungary, but in
1915 entered the war on the side of the Entente.

Old Dresden
(above) Part of the Zwinger
(right) The Frauenkirche

Panoramas of old Dresden. (above) Photograph (Elb-Panorama) *(below)*
Collograph by Julius Artur Rietschel, the author of Text 41.
(Reproduced by kind permission of Narra Hürter.)

41. Die Zerstörung Dresdens (1945)*

In the Second World War indiscriminate, large-scale aerial bombing of city centres and of civilian populations (as distinct from military and relevant economic targets) became commonplace. The practice was first used by the Nazis at Guernica (April 1937) during the Spanish Civil War, and in the Second World War in the attacks on Warsaw (September 1939) and Rotterdam (May 1940). In 1940–2 virtually every major city in the United Kingdom was attacked. Already in 1940 the RAF had begun to raid German cities. From the summer of 1943 onwards the scale of such raids by the RAF (and to a lesser extent by the USAAF) was greatly intensified, and it became increasingly common to attack the same city three or more times in rapid succession, which made it impossible to undertake rescue work and put out the fires between the raids: the aim was the complete destruction of the city centre and the inner suburbs. In Europe the severest air raids of all were those on Hamburg (in July–August 1943) by the RAF and on Dresden (13/14 February 1945) by the RAF and the USAAF. Reliable estimates of the numbers killed are very difficult to make with raids on this scale. In this case of Hamburg, a safe figure is probably between 40,000 and 45,000; for Dresden about 35,000.[1] (Compare these figures with the overall total of under 65,000 civilians killed by German air raids, flying bombs and rockets on the United Kingdom throughout the whole of the war).

In February 1945 Dresden had few military targets of any significance apart from railway marshalling yards, and the city contained a large number of people who had fled there from the advancing Soviet army. Before the raid Dresden had been generally acknowledged as one of the most beautiful cities in Germany — probably the most outstanding of the former *Residenzstädte*.[2] (See il-

---

1. Sometimes much higher figures are given, especially for Dresden; but see Götz Bergander, *Dresden im Luftkrieg: Vorgeschichte — Zerstörung — Folgen*, Böhlau Verlag, Köln and Vienna, 1977, for a careful and sober discussion of this understandably emotive issue.

2. Readers interested in the history and architecture of Dresden may find it useful to consult Mary Endell, *Dresden: History, Stage, Gallery*, Johannes Seifert, Dresden, 1908.

lustrations on pp. 164–5.)

Very few survivors from severe air raids were able to write reflectively about their experiences for many years, if at all. Thus this text is something of a rarity. The author, Julius Artur Rietschel (1890–1946), was an artist and engraver and a great-nephew of the sculptor Ernst Rietschel (1804–61). (See the collograph on p. 165.)

Readers should note that in places the text is colloquial: it does not always conform to the standard rules of German word-order and the author 'mixes' the present and preterite tenses. The punctuation of the original has largely been retained and only essential emendations have been made.

Dresden-Seidnitz 17. III. 45

Liebe Ilse, lieber Robert!

Euch und den lieben Kindern recht herzliche Grüße. Herzlichen Dank für die 3. Karte von Euch, die wir soeben erhielten.

[. . .]

Dresden aber ist tot!

Für Dresden war die Bartholomäusnacht Deutschlands bestimmt, die in der Nacht vom 13. II. zum 14. II. nicht in einem Terrorangriff, sondern in einem Gewaltangriff ohnegleichen die Stadt Dresden umpflügte.

Am 13. II. abds 9h (ich schlief schon) Voralarm und sofort Vollalarm. Im Nu war ich in den Sachen, Radio eingestellt, Achtung, Achtung! Mehrere Bomberverbände im Anflug auf das Stadtgebiet, Entfernung 20 Klm. So ein Wahnsinn, 3 Minuten Flugdauer!

[. . .]

13. II. abds 9h., wir waren kaum im Keller, als der Höllensturz begann. Unsere Schillstraße war mitten im Bombenhagel und 2 Häuser hatten gleich beim Anfang von den 11 Häusern Volltreffer.

Brandbomben, Phosphor, Sprengbomben, Luftminen, kurz alles was menschlich-bestialische Wissenschaft und deren Handlanger, die Technik, erfinden kann, krachte auf uns hernieder. Während dieses Wirbels merkten wir, daß Pohlings nicht im Keller waren. Trotzdem wir geklingelt haben. Die schliefen, und als sie in den Korridor kamen, lagen schon die Türen u. Fenster in tollem Wirbel überall herum. Sie konnten den Keller noch erreichen.

Da klopften schon die Nachbarbewohner an unserm Kellerdurchgang. 1 Volltreffer hatte das Haus bis zur Hälfte, also bis zum

Dresden shortly after the raid of 13/14 February 1945. (Reproduced by kind permission of the Trustees of the Imperial War Museum, London. Neg. No. HU 44924.)

Korridor glatt weggerissen, bis in's Erdgeschoß.

Der Kellerdurchbruch wurde zertrümmert und im Nu war unser Luftschutzkeller überfüllt, sodaß man sich kaum umdrehen konnte. Ununterbrochen krepierten die schweren Sprengbomben, Schlag auf Schlag, Welle auf Welle, und der Keller hob und senkte sich.

Die Panzerplatte vor dem Kellerfenster herunter gerutscht und Preßluft (Explosionsluft) fegte über uns hinweg und in uns hinein. Die Kerze verlöschte immer wieder, Frauen stöhnten, die Mutter war sehr brav und tapfer. Ich aber muß dankbar sein, daß ich gerade in dieser Nacht eine eiserne Ruhe hatte.

Immer weiter ging der Höllensturz und diese Hölle will kein Ende nehmen; da, ein furchtbarer Krach — der Putz von der Kellerdecke prasselte herunter — und dunkle Nacht.

Die Kerze wird wieder angebrannt und eine einzige dicke Staub-

und Gesteinsschicht in milchiger Atmosphäre.

Zum Glück benahmen sich die Menschen der Katastrophe entsprechend sehr gut.

Weiter ging das Inferno mit grausiger Heftigkeit — Brandgeruch durchzieht den luftig gewordenen Keller.

Alles fließt, verändert sich, entsteht und vergeht, und so verging auch dieser Gewaltangriff.

Das schöne Dresden war infolge der dicht und eng bebauten Straßenzüge ein einziges Flammenmeer. Glut- und blutrot der nächtliche Himmel, und die Schillstraße eine einzige Flamme bis auf 3 Häuser.

Eine schaurige Helle strahlte den Häuserblock von der Gartenseite (Innenseite) aus, an, als wenn Mephistopheles selbst der Illuminator gewesen wäre.

Haustür, Windfangtür, Wohnungstüren und Fenster aus den Mauern heraus gerissen, lagen die Wohnungen frei und das Haus selbst als Insel in dem Flammen- und Funkenregen. Die Hausbewohner besahen sich den Schaden und die Mutter ging in unsere Wohnung, wo jeder Winkel taghell beleuchtet war.

Die Türen und Fenster waren herausgerissen, in der Stube der Kleiderschrank zertrümmert, die Bilder zertrümmert in den Ecken, und eine dicke Schuttschicht bedeckte alles.

Kein Wort des Bedauerns fiel, nur Resignation; denn man war ja einer Hölle entkommen.

Wir blieben im Keller, andere gingen. Viele Menschen trieb die Angst aus den Kellern auf die Elbwiesen und den großen Garten, um dort bei dem 2. Angriff in einem schaurigen Angriff den Tod zu finden, dem sie tatsächlich in die Arme gelaufen sind.

Es ist dann 1h nachts geworden und die Stunden vergehen so langsam. Für wieviel Menschen wird es noch einmal Tag werden?

Gegen ½ 2h nachts hören wir die Bomberverbände wieder anrollen.

Wir müssen das Herz wieder fest in beide Hände nehmen, das Herz das so leicht auf Gutes und Böses reagiert. Die Triebkraft aber sind die Gedanken, die eine Macht darstellen von unvorstellbarem Ausmaße.

Dieser 2. Angriff auf Dresden war fürchterlich und keine Stadt in Deutschland hat in einer Nacht so ein grausiges Geschehen erlebt. Ich habe 1915 bei Aubérize 72 Stunden Trommelfeuer in der Herbstschlacht ausgehalten. 72 Stunden Terrorangriff ist undenkbar.

So rollte der Höllensturz zum 2. Male. Der Keller hebt und senkt sich, doch die Versteifung, die Ihr Lieben ja kennt, die hielt. Eine brave Handwerkerleistung!

Diesen 2. Angriff führten die apokalyptischen Reiter selbst an und ein grausiges Sterben kam über Dresden. Und wenn der Phönix sich lebend in die Flammen stürzte um verjüngt sein Leben zu erneuern, so müßte Dresden ewig leben.

Das war der Tod von Dresden!

Gegen 4h früh entschlossen wir uns den Keller zu verlassen. Zuvor zog ich noch meinen besten Anzug über den anderen, dann den dicken Mantel darüber. Gegenüber der Schillstraße, also am Hindenburgufer ließen wir uns häuslich nieder.

In kurzer Zeit wurde noch geborgen, was wertvoll erschien und ein Zigeunerlager war errichtet.

Ein eisiger Sturm fegte durch das Elbtal und bleischwer lag der Rauch über allem. Es fing an zu regnen und wir sahen noch die letzten Hausfronten nach der Straßenseite in sich und frontal zusammenstürzen.

So konnten wir wie der gelehrte "Bias" sagen "Alles, was ich besitze, trage ich bei mir, es ist aber nicht wenig!"

Immer wieder siegt die lebenspendende Sonne über die Finsternis, und den Menschen sollte heilig sein, was atmet und lebt. So kam der Tag bleischwer, spät, aber er kam.

Aus dem Tagesgrauen lösen sich die schwarzen Gesichter, und Glück und Leid liegen so dicht beieinander, daß sich alles zu einem Weltbild der Schuld verdichtet. Es kommt wieder Leben in die Menschen, in die Übernächtigen. Trauer und Tränen der Freude und der Schmerzen. Sagels hatten eine Familie in ihre Wohnung genommen.

Der junge Mann frug die Mutter, ob sie seine Familie gesehen habe. — Leider nein! Das Haus war der Erde gleich und hatte Volltreffer.

Die Mutter rief Frau Fischer an. Frau Fischer fragte zurück: "Ich kenne Sie jetzt nicht, wer sind Sie?" Sie weinte gleich und hat alles verloren.

So suchten sich die Menschen wieder zusammen. Wieviele mögen sich gefunden haben?

Gegen 10h vorm. gingen wir das Hindenburgufer hinauf, bei Albitzers zerstörtem Atelier vorbei, Richtung Rennbahn Seidnitz, wo wir jetzt sind. Immer durch eine gelbgraue, undurchdringliche Rauchluft.

Die Überlebenden Dresdens zogen nach allen Richtungen vom

Stadtkern fort. Gegen ½ 12h waren plötzlich über uns Bomber und der 3. Angriff geht über den weiten Umkreis Dresdens, wo die Terrorbomber die Menschenmassen suchen und finden.

Auch das ging vorüber! Weiter geht's auf die Landstraße und mir fiel das Laufen so schwer, zumal ich 5 Monate nicht auf der Straße war.

Auf dieser Strecke gehe ich mit der Mutter alleine und ein Bomber kam angeflogen ganz tief über uns.

Ich bin einfach stehen geblieben, ich hatte einfach keine Lust, mich vor einem Amerikaner in den Dreck zu legen. Auch hier standen wir unter Schicksalsschutz. Wir erreichten unser Ziel und sind noch nicht aus den Sachen gekommen. Wir werden nach Zöblitz reisen, wenn es geht. Vorläufig haben wir vom HBH noch keine Fahrtmöglichkeit. Was ging in dieser Schreckensnacht in Dresden vor?

Dresden mit allen Vororten wurde in einer einzigen Nacht mit Bomben überschüttet und das Massengrab ist noch nicht geschlossen.

Diesen Angriffen sollen angeblich 2000–2500 Flugzeuge geflogen sein und Dresden soll angeblich 260 000 Tote haben, natürlich nicht offiziell. Es sei wie es sei. Die innere Stadt in weitem Umkreis hat nur Tote und die Lebenden bergen die Toten um sie auf dem Altmarkt einzuäschern. In der Schillstraße sind total zertrümmert die Häuser Nr. 1, 3, 5, 2, 4, 6, 8, 10. Baufällig Nr. 7, 9, 12.

Alle die Unglücklichen, die den Tod von Dresden symbolisieren für alle Zeit, gingen ein in das Heer der Namenlosen.

Es bliebe nur noch die Arbeit übrig, auf dem Altmarkt ein 100 mtr. hohes schwarzes Kreuz zu errichten mit der inhaltsschweren Inschrift: "Hier ruht Dresden!"

Und wenn in der Karwoche die Geister der Ermordeten in Viererreihen an diesem Mahnmal vorbeimarschierten, dann würde es wohl die Nächte einer ganzen Woche dauern, bis die Letzten vorbei wären.

Saxa loquuntur — "Die Steine werden reden!"

An 1. Stelle müßten marschieren Georg Bähr, Chiaveri, Pöppelmann und Balthasar Permoser, die Schöpfer des Dresdener Barock, der schmählich vernichtet wurde.

Die Steine werden reden, von einer entarteten Menschheit des 20. Jahrhunderts. Die riesigen Blöcke liegen zerstückelt, und die herrlichen Putten Permosers liegen als Torso im Zwingerhof.

Entartet ist die Wissenschaft mit ihrem Handlanger, der Technik, und die Europäische Kultur ist im Aussterben wie alle vorausgegangenen Kulturen.

Alles, alles geschieht im Wettlauf der Schuld und deswegen bleibe ich meiner Überzeugung treu, daß der Mensch nichts ist, die Wissenschaft ist nichts, die Kunst aber ist etwas.

Über allem aber steht das Unerforschliche, das große Mysterium.

Bleibt Ihr, unsere Lieben immer noch gesund und kein größeres Glück können wir uns wünschen, als uns einmal entsprechend gut wiedersehn zu können.

> Herzliche Grüße und Küsse
> > Eure Eltern, Schwieger
> > Großeltern.

Herzlichen Gruß an Eltern u. Frau Hanna.

Auf einen Brief von Euch warten wir sehnlichst.

Source: Letter, dated 17 March 1945, from Julius Artur Rietschel to Robert and Ilse Propf (abridged as indicated). Reprinted by kind permission of Ilse Propf and Nanna Hürter.

Notes

Dresden-Seidnitz: a suburb of Dresden, south-east of the city centre.

die Bartholomäusnacht: an allusion to the Massacre of St Bartholomew (23/24 August 1572). On that night a large number of French Protestants were murdered throughout France in a planned massacre.

nicht in einem Terrorangriff, sondern in einem Gewaltangriff: the distinction that the author tries to make here is obscure, especially as later in the text he appears to use *Terrorangriff* to refer to the raid on Dresden. Nevertheless, it is clearly an (unsuccessful) attempt to intensify the concept *Terrorangriff*.

umpflügen = to plough up.

im Nu = in no time, in a split second.

in den Sachen sein = to be dressed.

der Höllensturz = descent into hell.

der Volltreffer = direct hit.

der Handlanger = henchman.

die Technik = technology (not technique!)

der Wirbel = (in this context) turmoil, chaos.

in tollem Wirbel = in utter chaos.

der Kellerdurchbruch: in the war, emergency doors were put into the cellars of terraced tenement houses for use as exits in an air raid. These doors in effect linked all the houses in any terrace.

krepieren = (in this context) to explode.

Mephistopheles: = one of the many well-established nicknames for the Devil (also, of course, a key character in *Faust*).

die Windfangtür = storm-door.

die Elbwiesen: Dresden lies on the River Elbe.

das Trommelfeuer: many dictionaries give 'drumfire'. In the context of the First World War the word refers to prolonged artillery bombardment that often preceded attacks by the infantry.

die Versteifung: this refers to a wooden beam of the kind used in mines.

die apokalyptischen Reiter = the Horsemen of the Apocalypse.

der gelehrte "Bias": this refers to the Greek sage, Bias of Priene (*c*.570 BC), to whom the first part of this quotation is ascribed by Cicero.

da sich alles zu einem Weltbild der Schuld verdichtet: obscure. Clearly, the author is seeking to convey a picture of overwhelming guilt. But *whose* guilt?

die Übernächtigen = the bleary-eyed (survivors).

frug: a colloquial, irregular preterite of *fragen*.

Seidnitz: see first note.

und sind noch nicht aus den Sachen gekommen = and have not yet changed our clothes.

Zöblitz: a small town between Karl-Marx-Stadt and the Czech border.

HBH: the standard abbreviation for *Hauptbahnhof* is *Hbf*.

angeblich 260 000 Tote: see introductory section.

einäschern = (in this context) cremate.

die Karwoche = Holy Week (i.e. the week before Easter).

in Viererreihen = in rows of four.

das Mahnmal = memorial.

Saxa loquuntur = (Latin) 'The stones are speaking'.

Bähr: Georg Bähr (1666–1738), architect. His best known work in Dresden was the *Frauenkirche* (see illustration on p. 164). This church was severely damaged in 1945, and only a few remnants are left.

Chiaveri: Gaetano Chiaveri (1689–1770), architect, responsible for much of the work on the *Katholische Hofkirche* in Dresden. Though damaged in 1945 the church has been restored.

Pöppelmann: (Matthäus) Daniel Pöppelmann (1662–1736), architect, best known for the *Zwinger* (erected 1711–28), the most famous of the Dresden 'Baroque' buildings. (See illustration on p. 164). It was originally conceived as a phantastic, highly ornate arena for plays, pageants and court festivities. The central courtyard measures 107 × 116 metres, but the most noteworthy features of the building are the gates, colonnades, pavilions and the *Nymphenbad*. Originally, the courtyard was enclosed on three sides only, but in the middle of the nineteenth century the fourth side was added to house the famous, extensive *Gemäldegalerie*.

Permoser: Balthasar Permoser (1651–1732), sculptor, best known for his work on the *Zwinger*.

die Putte = putto, carved or sculptured figure of cherub.

der Zwingerhof: see note on Pöppelmann.

Alles, alles geschieht im Wettlauf der Schuld . . .: this is obscure. The most obvious interpretation is that the combatants are seeking to outdo one another in guilt.

das Unerforschliche = the (or something) unfathomable.

Dresden at about 01.15hrs on 14 February 1945. Photograph taken by RAF photographer at the beginning of the second wave of the attack on the city: see Text 41. (Reproduced by kind permission of the Trustees of the Imperial War Museum, London. Neg. No. C 4972.)

42. Epilog*

On VE Day a substantial strip of territory in the heart of
Central Europe was still in German hands. This text
gives some indication of the mood and behaviour of
sections of the *Wehrmacht* and of the Czech resistance
movement in an unliberated part of Bohemia on 10 May
1945.

The author, Helmut Gollwitzer (born in 1908), is a
noted Protestant theologian. He spent the Second World
War with the medical corps (and was later to spend over
five years as a prisoner of war in the Soviet Union). The
narrative begins at the point where the author has been
separated from his unit and is alone.

10. 5. 1945, vormittags 10 Uhr

Ein angegrauter kleiner Bart, eine goldumränderte Brille mit freund-
lichen Augen dahinter, sorgfältige Bügelfalten in den Hosen, — der
ältere Mann, der mich anhielt, sah trotz der Armbinde der tschechischen Partisanen so ausgesprochen zivil aus, daß man mit ihm
nicht gern in Streit kam. Seine Aufforderung, ihm meine Pistole
abzugeben, war mehr ein Rat als ein Befehl. Er fügte auch gleich
hinzu, überall sei die Straße von Streifen kontrolliert, die mich kalt
machen würden, wenn sie mich mit Waffen sähen. Aus den Häusern
des Dorfes sahen einige Leute heraus, weit und breit schien ich der
einzige Deutsche zu sein, es war ohnehin verwunderlich, daß es
noch nirgends geknallt hatte, — so war das nun wohl unvermeid-
lich. Ich schnallte meine Pistole ab, ärgerte mich, daß ich sie heute
morgen noch so schön gereinigt hatte, und gab sie ihm. Er ließ die
deutsche Maschinenpistole sinken, die er drohend auf mich gerichtet hatte, — wie wäre er wohl mit dem Ding im Ernstfall umge-
gangen? — und gab meine Pistole einem herbeigerufenen Jungen
weiter, der stolz an ihr herumfingerte, worauf ich ihm vorschlug,
dazu wenigstens eine andere Richtung einzunehmen. "Ist ein deutscher Sanitätswagen hier durchgekommen?" fragte ich den Alten. Ja,
vor mindestens 20 Minuten, seitdem nur noch ein paar Fußgänger.
Ob er meine, daß der Krieg jetzt zu Ende sei? "Mit euch Deutschen
ist es nun ja aus!" Und ob es den Tschechen nun besser gehen
würde? Das käme darauf an, ob sie nun die Freiheit bekämen. Also
sei ihm das nicht so sicher? Nein, das sei ihm nicht sicher. "Ich habe

sie euch immer gewünscht", sagte ich ihm. Er gab mir die Hand und
wünschte mir gute Heimkehr. Wir schieden wie nach einer freund-
schaftlichen Begegnung.

Es war nicht selbstverständlich. Eine halbe Stunde vorher waren
wir in einer langen Kolonne von Fahrzeugen durch ein von der SS
soeben zusammengeschossenes Dorf gefahren und hatten danach
Halt gemacht, weil an der Spitze geschossen wurde. Die tsche-
chische Landbevölkerung hatte sich während unseres ganzen Rück-
zuges so ruhig verhalten, daß ich überzeugt war, auch diesmal sei
nur die Nervosität der Landser der Grund für die Schießerei. Als sie
immer wilder wurde, sprang auch ich von unserem Wagen und legte
mich in den Graben neben einen, der eifrig in die Landschaft
knallte, und fragte ihn, worauf er eigentlich schieße. Er zeigte mir
drüben im grünen Getreide eine sich bewegende Gestalt und legte
wieder an; ich schlug ihm den Lauf in die Erde, — da fing der
drüben zu schreien an und kam fluchend heran. Es war ein deutscher Soldat. Die Landser hatten auch diesmal wieder Gespenster
gesehen. Die zwei Verwundeten, die uns gebracht wurden, waren
sicher Opfer der eigenen Verwirrung. Das hinderte einen Zahlmeister nicht, im nächsten Dorf einen alten tschechischen Kirchgänger
blindwütend niederzuschießen. Der Alte lag verkrümmt im Straßen-
graben, sein Gebetbuch in die Hand gekrampft, das Gesicht im
Staub der Straße. Als der Zahlmeister dann auf unserem Wagen
mitfahren wollte, warfen meine Kameraden ihn vom Wagen: Mordgesindel hätte nichts bei uns zu suchen. Dann waren wir weiter-
gefahren, bis in einem Dorf die Straße verstopft war. Am Straßenrand
stand ein steckengebliebener Verpflegungswagen, der eifrig geplün-
dert wurde. Ich sprang hinüber, stopfte den Brotbeutel voll Konser-
venbüchsen und in die Hosentaschen ein paar Schnapsflaschen, —
da brauste unsere Kolonne los, und ehe ich mit meiner Beute vom
Wagen kam, war sie vorüber; ich stand allein da. Nie schließen sich
die Menschen enger aneinander als im allgemeinen Zusammenbruch. Getrennt von den Kameraden das, was noch kommen konnte,
erleben zu müssen, schien schlimmstes Geschick. Nun waren sie
weg, diese prächtigen Kerle, meine Operationsgruppe, mit der ich
so viele Monate Mühsal und Jammer des Hauptverbandplatzes und
alle Abenteuer vieler Rückzüge erlebt hatte, mit ihnen alle kleinen
Besitztümer im Rucksack und Wäschebeutel, an denen das Herz
hängt, — und keine Aussicht, sie wieder zu treffen. Allein zog ich
nun weiter, anfangs noch ab und zu von einem eiligen deutschen
Fahrzeug überholt, dann war die Straße leer, bis in jenem Dorf der

kriegerische Zivilist meine Pistole verlangte.

Nun war ich entwaffnet. Nicht ganz natürlich. In einer Tasche steckte noch eine Pistole. Es ist besser so ein Ding bei sich zu haben, für alle Fälle. Warum eigentlich? Bisher hatte ich den verhaßten Krieg überstanden ohne einen lebendigen Menschen mit einer Waffe zu behandeln, — wollte ich das jetzt noch nachholen? Gegen die Partisanen? Zur Notwehr? Wie steht das eigentlich mit der Notwehr? Da darf man dann, was man sonst nicht darf? Der andere will dich auslöschen, du kommst ihm aber zuvor und löschst ihn aus, "er oder ich" — alles ganz klar.

Source: Helmut Gollwitzer, . . . *und führen, wohin du nicht willst: Bericht einer Gefangenschaft*, dritte Aufl., Chr. Kaiser Verlag, München 1952, pp. 11–13 (the book was first published in 1951). Reprinted by kind permission of the publishers. © 1951 Chr. Kaiser München.

Notes

die Bügelfalte = crease (in trousers).

sah . . . so ausgesprochen zivil aus: the implication is that the man looked suspiciously or uncannily civilian.

die Streife = *patrol*. (Not to be confused with *der Streifen* (pl. *Streifen*) = strip!)

jemanden kalt machen = to kill (the expression is very colloquial).

daß es noch nirgends geknallt hatte = that as yet there had been no (sound of) shooting anywhere.

abschnallen = to unfasten.

der Sanitätswagen = ambulance.

der Landser = ordinary soldier, private.

knallen = (in this context) to shoot.

anlegen = (in this context) to aim.

blindwütend = in a fit of blind rage.

das Mordgesindel = murderous riff-raff.

der Hauptverbandplatz = main dressing-station.